本書は、中国「2016 年度教育部人文社会科学研究青年基金項目」(課題名:「日本明治期中国語教科書語言研究」課題番号:16YJC740095) の支援を受けたものである。
(中国 2016 年度教育部人文社会科学研究青年基金項目"日本明治期中国语教科书语言研究"成果,项目批准号 16YJC740095。)

明治期中国語教科書における中国語カナ表記についての研究

張　照旭
Zhang Zhao Xu

クロスカルチャー出版

目　　次

はじめに..1

  1 先行研究とその問題点 2

  2 本書の調査資料と研究方法 8

序論　明治期中国語教育の発端..15

  第1節　明治初期中国語教育の概要...17

    1 明治初期中国語教育の官立教育機構..17

    2 明治初期中国語教育の教師 20

    3 明治初期中国語教育の学生 23

    4 明治初期中国語教育の教科書...26

    5 まとめ 27

  第2節　唐船貿易における唐船の出航地と唐船乗組員の出身地..........27

    1 唐船の出航地..28

    2 唐船乗組員の出身地 43

    3 まとめ 55

  第3節　『大清文典』と明治初期の中国語教育 56

    1 明治初期中国語教育の先行研究 56

    2 教科書『闈裏闈』・『漢語跬歩』・『訳家必備』の検討 62

    3 『大清文典』の特徴 65

  第4節　『日清字音鑑』とカナ表記法..66

本論　中国語カナ表記の音韻学的研究 73

  第1章　『大清文典』の中国語カナ表記について 75

  第1節　『大清文典』について..77

i

| | 1 『大清文典』の概要 | 77 |

1 『大清文典』の概要 77

2 『大清文典』の中国語カナ表記 80

3 『大清文典』の先行研究 84

第2節　近世訳官系唐音資料の種類 86

1 近世日本に伝わった中国語の種類 87

2 近世唐音資料についての先行研究 92

3 『朝野雑記』「唐通事唐話会」と『㪍幼略記』 97

4 まとめ 99

第3節　『大清文典』と近世訳官系唐音資料との比較 100

1 対照資料の選択 100

2 分紐分韻表 103

3 福州音系資料・漳州音系資料との相違点 110

4 杭州音系資料との類似点 114

5 まとめ 125

第4節　終りに 126

第2章『日清字音鑑』における ng 韻尾の表記方法について 131

第1節　『日清字音鑑』について 133

1 『日清字音鑑』の概要 133

2 編纂者 137

3 体裁 143

4 注音用の記号 148

5 まとめ 160

第2節　『日清字音鑑』における鼻音韻尾の表記 161

1 『日清字音鑑』の鼻音韻尾表記の実態 161

2 明治期中国語教科書の鼻音韻尾表記の諸相 163

3 『日清字音鑑』の鼻音韻尾表記についての先行研究 169

第3節　記号「ク̣」の意味 171

第4節　「ク̣」で ng 韻尾を表記する理由 175

1　本居宣長『地名字音転用例』について.............................175

　　2　大槻文彦『支那文典』の ng 韻尾の表記.........................180

　　3　明治期中国語教科書における ng 韻尾についての記述.................181

　　4　まとめ...197

　第 5 節　終りに...197

結論　明治期中国語教科書の特徴...201

　　1　本書の纏め...203

　　2　先行研究との違い...213

　　3　本研究の学史的位置づけと今後の課題.................................215

参考文献...217

あとがき...227

はじめに

　日本の明治期は、いわゆる文明開化の時期である。新しい制度が導入され、新しい文物が取り入れられた。『近代日本総合年表』（第四版）によると、次のような新しい事物が挙げられる。

明治元年 10 月	明治と改元し、一世一元の制を定める。
明治 2 年 4 月	外国官に通商司を設置。
明治 3 年 1 月	公衆電報の取扱開始（公私一般通信の初め）。
明治 4 年 9 月	大学を廃し、文部省を創設。
明治 5 年 12 月	太陰暦を廃して太陽暦を採用。
明治 5 年 12 月	国立銀行成規を定め、銀行成立を許可。
明治 6 年 3 月	外国人との婚姻を許可。
明治 7 年 6 月	有恒社、洋紙を製造（日本最初）。
明治 7 年 11 月	《読売新聞》創刊。
明治 8 年 6 月	東京気象台を設立。
明治 9 年 5 月	上野公園開園。
明治 10 年 12 月	東京株式取引所設立許可。
明治 11 年 5 月	札幌農学校で第 1 回運動会（陸上競技会）を挙行。
明治 12 年 4 月	京浜間鉄道で日本人機関士初めて乗務。
明治 13 年 1 月	薬品取扱規則を定める。
明治 14 年 7 月	明治生命保険会社設立（最初の生命保険会社）。
明治 15 年 10 月	紡績連合会設立。
明治 16 年 10 月	東京商工会設立認可。
明治 17 年 11 月	小学校の教科として、初めて英語の初歩を加える。
明治 18 年 6 月	日本経済会設立。

明治 19 年 11 月　　洗愁亭という喫茶店できる（東京でのコーヒー店の初
め）。
明治 20 年 11 月　　東京電燈会社第二電灯局、市内配電を開始（最初の公
衆用配電）。

　一方、明治期の中国語教育において数多くの学習教科書が使用された。『中
国語関係書書目』（増補版）は、明治期の中国語教育において使用された学習
教科書の書目を 316 点収録している。以下、一部例を挙げる。

　番号　　書名　　編纂者　　発行年月　　発行所（者）
1『語言自邇集』（初版）T.F.Wade（1867）Kelly&Walsh L.T.D
100『支那語学教程改訂版』木野村政徳［ほか］（明治 34 年 5 月、1901）陸
軍士官学校
200『冠注高等支那時文読本』大野徳孝（明治 38 年 6 月、1905）文求堂
316『清語会話』皆川秀孝（明治 45 年、1912）不詳

　本書では、このような明治期中国語教育に使用された学習教科書を一括し
て「明治期中国語教科書」と称することにする。さらに本書では、日本の文
明開化の時期における「明治期中国語教科書」がどのようなものであるかに
ついて検討していきたい。

1　先行研究とその問題点

　明治期中国語教科書についての先行研究は、大きく 4 種類に分けられる。
一つ目は教科書の書目の収録である。二つ目は教科書の書誌である。三つ目
は教科書の復刻刊行である。四つ目は中国語教育史の視点から中国語教科書
を検討するものである。以下、4 種類の先行研究について検討していきたい。

1.1 教科書の書目の収録

　中国語教科書の書目の収録については、『中国語関係書書目』（増訂版）がある。『中国語関係書書目』（増訂版）は六角恒広が編纂したものであり、2001年に不二出版によって出版された。この書目は、Ⅰ部とⅡ部の2つの部分からなっている。Ⅰ部は、1867年から1945年までに刊行されたものを収録している。Ⅱ部は1946年から2000年までに刊行されたものを収録している。

　Ⅰ部は「書目」・「分類項目別発行点数表」・「解説」からなる。「書目」では時代順に1437点の近代中国語教科書を提示している。うち、316点は明治期に使用された中国語教科書である。中国語教科書は「書名―編著者―発行年月―発行所―判大冊数（装訂）―記号（所蔵）」の順で記載されている。1例を挙げると、次のとおりである。

書名	編著者	発行年月	発行所	判大冊数	記号
官話輯要	宮島大八	30.11.30	哲学書院	和大1	東外

　「分類項目別発行点数表」は「書目」に列記されたものを項目別に分類し、発行年別に教科書の点数を示す一覧表である。項目は、「学習書」・「時文・尺牘」・「文法・作文」・「発音・字音」・「語彙・辞典」・「講義録・講座」・「参考書」・「学習雑誌」・「台湾語」・「方言」・「商業」・「軍事・警務」・「実務・業務」・「他外国語との対照」・「一般向け会話書」・「その他」である。

　「解説」は「分類項目別発行点数表」の説明である。当時の政治・経済・軍事・外交との関係から中国語教科書の傾向性を検討している。例えば、「発行密度」について次のように述べている。

　　この書目または分類項目別発行点数表を見ればわかるように，発行密度は，日本の戦争の時期に高まってくる。しかも，日本の対中国戦争が激化するのに比例して，発行密度もより高まっていく。明治27・28・29

年では，いわゆる「日清戦争」を反映して，それまでにない発行密度の高まりを示した。

　以上、六角恒広『中国語関係書書目』（増訂版）は明治期中国語教科書の書目や教科書発行点数の傾向性などを述べている。

1.2 教科書の書誌

　六角恒広『中国語書誌』は近代中国語教育の中で使用された教科書を書誌学的に解題したものである。例えば、『亜細亜言語集支那官話部』について次のように述べている。

　広部精編、線装七巻七冊。国会図書館藏。刊年と内容は次のとおりである。

　第一巻　明治一二年六月刊、副島種臣の題字「善隣」につづき王治本の序と自序そして凡例と五十音図があって、本文の散語四〇章が三三丁に収められている。その後に「散語四〇章摘訳」が一〇丁附されている。本文上欄に六字話一一八句と欧州奇話一三条がある。

　第二巻　明治一三年二月刊、巻頭に龔恩禄の序文があり、続散語一八章、常言七条、上欄に欧州奇話六条が収められている。

　第三巻　明治一三年三月刊　中村正直の序文があり、問答一〇章、上欄に欧州奇話四条が収められている。

　第四巻　明治一三年五月刊　談論五〇章と上欄の欧州奇話三条および続常言一条である。

　第五巻　明治一三年五月刊　続談論五二章と上欄の続常言九条を収めている。

　第六巻　明治一三年八月刊　発音の記法についての例言二丁と平仄編一九丁で音節数四二〇の該当漢字をあげている。

　第七巻　明治一三年八月刊　言語例略一五段が三一丁あり、上欄に続常

言一一条が収められている。

再版は明治二五年五月刊で上・下二冊線装である。明治三五年一一月洋装一本にまとめられ増訂本が出された。

ウェードの『語言自邇集』を底本とし、それに「徳国翻訳官阿氏」(Arendt)の『通俗欧州述古新編』を「欧州奇話」として掲載し、加えて自分が集めた六字話と常言・続常言を以て全巻を構成している。書名は『亜細亜言語集支那官話部』とした。編者広部精は、当時のアジアの衰運を挽回することを願い、そのためアジア諸国の言語のシリーズを念頭においたので、そうした書名となった。この本は、初級から上級までの広範囲の学習者向け教科書であったので、明治の時期に多く使用された。

また、解題した教科書の性格について、「あとがき」で次のように述べている。

この本に収めたものは、全部で一五六点である。だが昭和二〇年までに出た中国語の教科書や辞典などの類は千数百点を下らない。またここに収めたものは主に家蔵するものの一部に過ぎない。そうした多数のものの中から何を選び出すか、迷ったりもした。何れにせよ過去の中国語教育の中で、明治初期の一〇年代の古典的なものはすべて収められており、また『談論新篇』・『急就篇』のような「支那語」のバイブル的なものもすべて収められている。

著者は家蔵の近代中国語教科書から156点を選び出して解題している。

1.3 教科書の復刻刊行

六角恒広『中国語教本類集成』は近代日本における中国語教育において使用された学習書・辞典・文法書などの教本類を収集し、全10集245点を影印本として復刻刊行したものである。補集として江戸時代の唐話資料『唐話纂

要』・『唐訳便覧』・『唐話便用』・『唐音雅俗語類』・『唐詩選唐音』・『経学字海便覧』の 6 点を収録している。

　そして、各集に「所収書解題」の項目を設け、収録された教科書を解題している。第 1 集の「所収書解題」は『亜細亜言語集 支那官話部』（再版）を次のように述べている。

> 廣部精編　明治 25 年 5 月　青山堂書房発行。線装上・下巻 2 冊。22.5cm ×15.5cm。
> 初版は明治 12 年 6 月から同 13 年 8 月にかけて刊行された 7 巻 7 冊を，再版で 2 冊にまとめた。初版巻 1〜巻 3 を再版の巻上に，初版巻 4〜巻 7 を再版巻下とした。
> ウェード（Thomas Francis Wade）の『語言自邇集』（1867）を底本とし，加えてドイツの翻訳官阿氏（Arendt）の『通俗欧州述古新編』を「欧州奇話」として本文上欄に掲載し，さらに自分が集めた六字話・常言・続常言を同じく本文上欄に掲載した。
> 編者廣部精は，当時のアジアが先進資本主義列強に侵略されており，それを挽回することを願い，そのためには日本人がアジア諸国の言語を学ぶべきことを考えた。そこでアジア諸国の言語のシリーズを念頭において，このような書名となった。
> この本は初級から中級ないし上級の課程までを内容とした教科書である。明治 35 年 11 月青山堂から増訂版が洋装本 1 冊として出版され，明治の時期の日本人に広く読まれた。

　上記のように、『中国語教本類集成』は近代中国語教科書を復刻刊行し、復刻された教科書を書誌的に解題している。

1.4　中国語教育史の視点からの検討

　先行研究の六角恒広（1984）・六角恒広（1988）・安藤彦太郎（1988）は中

国語教育史の視点から当時の教科書を検討している。以下、3 者の先行研究
を検討する。

（1）六角恒広（1984）

　六角恒広（1984）は第 3 章「「語言自邇集」について」において、明治期の
教科書『語言自邇集』を検討した。検討の方法について次のように述べてい
る。

> 　こうした「語言自邇集」が、どのようにして日本の中国語教育の中に受
> けつがれたか、という経緯を概観し、さらに、「語言自邇集」のもつ実用
> 語的会話語学の性格をうけついだ日本の中国語のおかれた場を考えてみ
> よう。

　六角恒広（1984）は、『語言自邇集』という教科書がどのように日本の中国
語教育に受容されたかなどについて検討している。

（2）六角恒広（1988）

　六角恒広（1988）は明治 4 年（1871）から昭和 2 年（1945）までの中国語
教育史を政治・経済・軍事・外交との関係から検討している。論中では、『亜
細亜言語集』・『_{官話}急救篇』・『華語萃編』などの教科書に言及している。
　「第 II 篇　北京官話教育への転換期」の第 3 章「『亜細亜言語集』の刊行を
めぐって」では、トマス・ウェードの『語言自邇集』を底本にした広部精『亜
細亜言語集』の成立経緯を検討している。
　「第 III 篇　「支那語」教育態勢の基礎成立期」の第 1 章「詠帰舎・善隣書
院」では、善隣書院の代表的な教科書『_{官話}就急篇』の内容概要や影響などを
検討している。
　「第 IV 篇　上海に進出した「支那語」教育」の第 3 章「東亜同文書院」では、
東亜同文書院の代表的な教科書『華語萃編』の成立と内容を概観している。

（3）安藤彦太郎（1988）

　安藤彦太郎（1988）は近代日本の中国語教育を検討している。「『急就篇』とその周辺」の章を設け、善隣書院の代表的な教科書『_{官話}就急篇』の成立経緯・内容概要・後世教科書への影響などを検討した。

1.5 先行研究の問題点

　以上、先行研究を「教科書の書目の収録」・「教科書の書誌」・「教科書の復刻刊行」・「中国語教育史の視点から中国語教科書を検討するもの」の4種類に分けて検討した。

　本書は諸先学に負うところが多い。しかしながら、上記のように先行研究には語学的に教科書を検討する記述は見られない。本書では語学的な視点から明治期中国語教科書を検討していきたい。

2 本書の調査資料と研究方法

　本書では、明治期中国語教育に使用された学習教科書を一括して「明治期中国語教科書」と称する。本書で取り扱った明治期中国語教科書は、『中国語教本類集成』（全10集）と国立国会図書館近代デジタルライブラリー「http://kindai.ndl.go.jp/」にインターネットで公開されているものである。そのリストは以下となる。☆を付けたものは『中国語教本類集成』（全10集）に復刻された教科書であり、◎を付けたものは国立国会図書館近代デジタルライブラリーにインターネットで公開されている教科書である。

書名	編纂者	発行年月	発行所（者）
☆『支那文典』	大槻文彦［ほか］	（明治10年11月、1877）	小林新兵衛
◎『大清文典』	金谷昭［ほか］	（明治10年12月、1877）	青山清吉
◎『唐話為文箋』	渡辺約郎（益軒）	（明治12年1月、1879）	内田弥兵衛
☆『英清会話独案内』	田中正程［ほか］	（明治18年7月、1885）	昇栄堂

はじめに

◎『英和支那語学自在』川崎華 [ほか]（明治18年8月、1885）岩藤錠太郎 [ほか]

☆『日漢英語言合璧』呉大五郎、鄭永邦（明治21年12月、1888）鄭永慶

◎『支那語独習書第一編』谷信近（明治22年5月、1889）支那語独習学校

◎『支那音並てにをは独案内』三浦思則（暁山）（明治23年6月、1890）請肆館

☆『亜細亜言語集支那官話部』（再版）広部精（明治25年5月、1892）青山堂書房

☆『総訳亜細亜言語集支那官話部』（再版）広部精（明治25年6月、1892）青山堂書房

◎『支那文典』村上秀吉（明治26年2月、1893）博文館

◎『日清会話自在』沼田正宣（明治26年6月、1893）法木書店

◎『実用支那語正篇』中島謙吉（明治27年7月、1894）尚武学校編纂部

◎『支那語便覧第一』加藤豊彦（明治27年8月、1894）松沢玨三

◎『日清会話』参謀本部（明治27年8月、1894）参謀本部

◎『兵要支那語』近衛歩兵第1旅団 [ほか]（明治27年8月、1894）東邦書院

◎『兵要支那語付朝鮮語』（増訂再版）近衛歩兵第1旅団 [ほか]（明治27年8月、1894）東邦書院

☆『清国事情探検録一名清国風土記』宮内猪三郎（明治27年9月、1894）東陽堂書店

◎『独習日清対話捷径』星邦貞（蟠彭城）（明治27年9月、1894）鐘鈴堂

◎『日清会話付軍用語』木野村政徳（明治27年9月、1894）日清協会

◎『兵事要語日清会話』神代賤身（明治27年11月、1894）神代賤身

◎『学語須知』松永清 [ほか]（明治28年1月、1895）岸田吟香

◎『筆談自在軍用日清会話付実測里程表』鈴木道宇 [ほか]（明治28年3月、1895）山中勘次郎 [ほか]

◎『軍用商業会話自在支那語独案内』星文山人（明治28年4月、1895）柏原政次郎

9

◎『支那語学楷梯』中島長吉（明治28年4月、1895）小林新兵衛

◎『大日本国民必要下 附言三国語大略』斎藤和平（明治28年4月、1895）斎藤和平

◎『漢話問答篇』円山真逸（明治28年5月、1895）円山真逸

◎『支那語自在』豊国義孝（明治28年5月、1895）獅子吼会

◎『日清字音鑑』伊沢修二、大矢透［ほか］（明治28年6月、1895）並木善道

◎『唐音秘訣』千早多聞（明治28年8月、1895）千早多聞

◎『支那南部会話一名南京官話』小倉錦太、金沢保胤［ほか］（明治28年9月、1895）博文館

◎『支那音速知』張廷彦（明治32年6月、1899）善隣書院

◎『京都商業学校教科用書燕語啓蒙』牧相愛（明治32年10月、1899）若林書店

◎『支那語独習書』宮島大八（明治33年9月、1900）善隣書院

◎『哲学館漢学専修科漢学講義支那語』金井保三（明治34年、1901）哲学館

☆『支那語学校講義録』前田清哉（明治34年－35年、1901－1902）善隣書院

◎『支那語助辞用法附応用問題及答解』青柳篤恒（明治35年2月、1902）文求堂支店

☆『清語教科書並続編』（増訂版）西島良爾（明治35年7月、1902）石塚猪男蔵

☆『支那語自在』金井保三（明治35年9月、1902）勧学会

◎『和文対照支那書翰文』中島庄太郎（明治36年1月、1903）欽英堂老舗

◎『日清会話篇』松永清［ほか］（明治36年5月、1903）同文社

◎『支那語速成兵事会話』宮島大八（明治37年2月、1904）善隣書院

◎『新編中等清語教科書』西島良爾、林達道（明治37年3月、1904）石塚書店

◎『実用日清会話独修』鈴木雲峰（明治37年5月、1904）修学堂

◎『清語三十日間速成』西島良爾（明治37年5月、1904）青木嵩山堂

はじめに

☆『北京官話支那語捷径』足立忠八郎（明治 37 年 5 月、1904）金刺芳流堂

◎『清語会話速成』東洋学会（明治 37 年 7 月、1904）又間精華堂

◎『日清会話独習』山岸辰蔵（明治 37 年 7 月、1904）東雲堂書店

◎『清国語速成』日清研究会（明治 37 年 8 月、1904）井上一書堂

☆『北京官話実用日清会話』足立忠八郎（明治 37 年 8 月、1904）金刺芳流堂

◎『日清露会話』粕谷元、平井平三（明治 37 年 9 月、1904）文星堂

◎『北京官話通訳必携』馬紹蘭、足立忠八郎（明治 38 年 1 月、1905）金刺芳
　流堂

◎『新編支那語独修』三原好太郎（明治 38 年 4 月、1905）岡崎屋書店

☆『対訳清語活法附録支那時文速知』来原慶助［ほか］（明治 38 年 6 月、1905）
　三省堂書店

◎『日漢辞彙』石山福治（明治 38 年 6 月、1905）南江堂書店、文求堂書店

◎『日清会話』粕谷元（明治 38 年 6 月、1905）文星堂

☆『日華会話筌要』平岩道知［ほか］（明治 38 年 7 月、1905）岡崎屋書店

☆『日清会話語言類集』金島苔水（明治 38 年 7 月、1905）松雲堂

◎『日清英語学独習』林聖懋（明治 38 年 8 月、1905）中川玉成堂

☆『実用日清会話』湯原景政（明治 38 年 9 月、1905）石塚猪男蔵

◎『注釈日清語学金針』馬紹蘭［ほか］（明治 38 年 9 月、1905）日清語学会

◎『日清会話入門』西島良爾（明治 38 年 9 月、1905）代々木商会

◎『清語文典』信原継雄（明治 38 年 11 月、1905）　青木嵩山堂

◎『清語新会話』山崎久太郎（桃洲）（明治 39 年 2 月、1906）青木嵩山堂

◎『支那語之勧』大久保家道（明治 39 年 4 月、1906）支那語学会

◎『清語正規』清語学堂速成科（明治 39 年 4 月、1906）文求堂書店

◎『日華時文辞林』中島錦一郎、杉房之助（明治 39 年 6 月、1906）東亜公
　司

◎『日清言語異同弁』中島錦一郎（明治 39 年 6 月、1906）東亜公司

◎『北京官話日清会話捷径』甲斐靖（明治 39 年 7 月、1906）弘成館書店

◎『日華語学辞林』井上翠（明治 39 年 10 月、1906）東亜公司

◎『最新清語捷径』西島良爾（明治 39 年 12 月、1906）青木嵩山堂

◎『北京官話万物声音附感投詞及発音須知』瀬上恕治（明治 39 年 12 月、1906）徳興堂印字局

◎『初歩支那語独修書』原口新吉（明治 38－39 年、1905－1906）広報社

◎『日清英会話』谷原孝太郎（明治 40 年 6 月、1907）実業之日本社

◎『日清商業作文及会話』中島錦一郎（明治 40 年 12 月、1907）広文堂書店

◎『支那語動詞形容詞用法』皆川秀孝（明治 41 年 1 月、1908）文求堂書店

☆『清語講義録第 1 期第 1 号』皆川秀孝（明治 41 年 8 月、1908）東亜学会

◎『華語跬歩』（増補 7 版）御幡雅文（明治 41 年 9 月、1908）文求堂書局

◎『北京官話日清商業会話』足立忠八郎（明治 42 年 2 月、1909）金刺芳流堂

◎『支那語要解』寺田由衛（明治 42 年 9 月、1909）寺田由衛

☆『支那語の講義』青砥頭夫（明治 43 年 5 月、1910）小林又七支店

◎『四民実用清語集附諺語用法』中西次郎［ほか］（明治 43 年 8 月、1910）大阪屋号支店

◎『日清英露四語合璧』呉大五郎、鄭永邦［ほか］（明治 43 年 9 月、1910）島田太四郎

◎『大日本実業学会商科第 2 期講義支那語』張滋昉、林久昌（発行年月不詳）大日本実業学会

　上の中国語教科書は、次のようにカナで中国語の発音を表記している。本書ではこれを「中国語カナ表記」と称することにする。

　　『支那文典』大槻文彦［ほか］（明治 10 年、1877）小林新兵衛
　　幹カン　根カン　站テン　進ツイン　中チュング　東テユング　風フング
　　『支那語独習書』宮島大八（明治 33 年、1900）善隣書院
　　單タン　當タヌ　在ツアイ　法フアー　索スオ　土トオ　百パイ

『華語跬歩』（増補 7 版）御幡雅文（明治 41 年、1908）文求堂書局

男ナヌ　忙マン　好ハウ　早ツアオ　累ルエイ　陋ルエウ　花ホウー

　カナは古くから中国語の発音を表す文字として利用されている。例を挙げれば、次のようである。

　　〔東寺蔵仁王般若経南北朝期点〕（沼本克明（1997）の〔圖 2〕による）
　書チウ　　樹シユ　　焚ホン　　焼ショツ　　寒クム　　冬トウ
　　〔龍谷大学蔵蒙求室町期点〕（沼本克明（1997）の〔圖 4〕による）
　梁リヤウ　　参サン　　短タン　　波ハ　　初シヨ　　蓋カイ
　　〔例時作法江戸刊本〕（沼本克明（1997）の〔圖 6〕による）
　願クエン　　有イウ　　善セン　　金キン　　無フ　　奉ホウ
　　〔小叢林略清規江戸刊本〕（沼本克明（1997）の〔圖 8〕による）
　増ズン　　法ハ　　祈キ　　望モウ　　願ゲン　　若ジヤ

　上記のように、カナで中国語の発音を表す方法は古くからある。カナは表音文字なので、表音性を利用して中国語の音韻体系を知ることができる。そして、中国語の音韻の仕組みは日本語より複雑であり、カナで中国語の発音を表すには様々な工夫を凝らした。
　したがって、本書では音韻学や表記論の視点から明治期中国語教科書を検討することにする。検討する際に、『大清文典』と『日清字音鑑』に注目していきたい。序論では、それぞれ 2 つの教科書を取り上げた理由を述べる。

14

序論　明治期中国語教育の発端

序論　明治期中国語教育の発端

第 1 節　明治初期中国語教育の概要

　語学的に明治期中国語教科書を検討するに先立ち、明治期中国語教育の発端について予めアプローチしていく。そこで、本節では先ず史料に即して明治初期の中国語教育を概観していきたい。

1 明治初期中国語教育の官立教育機構

（1）漢語学所

　外務省は明治 2 年（1869）7 月 8 日に設置された。外務省では中国語のできる人材を養成するため明治 4 年（1871）2 月 8 日に省内に漢語学所を開設した。（『外務省の百年』（再版）より）

　開設当初の背景については、明治 3 年（1870）5 月 3 日に外務省より太政官に宛てた書簡である「支那語学塾に関する伺書」によって知ることができる。『外務省の百年』（再版）は「支那語学塾に関する伺書」を収録している。引用すると、次のようである。

　　　支那通信通商ハ、漸次、盛大開起セラレンハ勿論ナルニ、通弁者無クテハ百事梗塞ナルヲ以テ調査ニ及ブノ所、長崎ニハ昔年漢語熟達ノ者アリシカトモ、一旦同国商信廃絶セシヨリ、通弁ノ者モ英仏等ノ語学ニ転シ、追々離散新生徒ハ更ニナク、当今ノ形勢ニテハ該学種、殆廃絶ニ属ス。然ルニ自今、通商ノ道盛大ニ開カルヽトモ、其実訳生無クシテハ進歩ノ階梯ヲ得ス。仍テ今般漢語学ヲ新ニ開立ノ事ヲ大学ニ照会セシニ、未タ其著手ニ至リ難シト肯ハザルヲ以テ、本省大訳官ノ内、支那語学精熟ノ者ニ教師ヲ命シ、其他長崎ニ在ル宿老ノ唐通事ヲモ徴寄セ、省中ニ学局ヲ開キ、文書司ニ属シ習業サセシメント欲ス。今也西洋諸州ノ学術盛大ニ流行、童蒙ニ至ルマテ講究ヲ専ニスレハ、勧誘ノ力ヲ労セスシテ趨進

17

スト雖、支那語学ノ如キハ尤迂遠ニ聞エ、誰一人トシテ有志ノ者アルヘキナラズ。然レバ強テ駆迫ストモ、卒業ノ目的無ク頻ル困却ノ余リ倩勘考スルニ、最初ヨリ学費ヲ支給セラルヽ他術策ナキヲ以テ、生徒ヲ三十名ト限リ、五等ニ分チ一等一箇月金一両、二等同金二両、三等同金三両、四等以上ハ省内ノ空地ニ小塾建造、此所ニ入学糧食ヲ給与シ別ニ一箇月金一両、五等ハ同金二両ニ定メ、四等五等入塾ハ、人数拾名ニ限リ就学手当トシテ下賜一両年ノ後、得業ニ至ラハ支那ニ差遣シ、其事務ニ干渉通弁ニ使役セバ、訳司ノ人材陸続出来スルニ於テハ、後日貿易盛大富国ノ要策ナリ。右、入費並学局諸費トモ、精々節倹ヲ用ヒ、総テ一ケ年凡二千両余ニモ至ルベシ。尤、生徒ノ人選ハ其身ノ尊卑ニ拘ハラズ、文辞敏捷ニシテ年齢十一二歳ヨリ十六七歳マデヲ限リ、選挙官用修行トシテ、習学サセシメント欲ス。（句読点は筆者）

「長崎ニハ昔年漢語熟達ノ者アリシカトモ、一旦同国商信廃絶セシヨリ、通弁ノ者モ英仏等ノ語学ニ転シ、追々離散新生徒ハ更ニナク、当今ノ形勢ニテハ該学種、殆廃絶ニ属ス」とあるように、漢語学所開設の直前には、中国語ができる人材は欠乏していたと見られる。

「然ルニ自今、通商ノ道盛大ニ開カルヘトモ、其実訳生無クシテハ進歩ノ階梯ヲ得ス」とあり、漢語学所の開設は当時の外交に必要なことであったことがわかる。

「仍テ今般漢語学ヲ新ニ開立ノ事ヲ大学ニ照会セシニ、未タ其著手ニ至リ難シト肯ハザルヲ以テ」とあるように、漢語学所の開設について、外務省はまず「大学」に照会したが、大学は婉曲に断った。そして、照会の事実から見る限り漢語学所開設以前には、中国語を教える官立機構はなかったと思われる。

「本省大訳官ノ内、支那語学精熟ノ者ニ教師ヲ命シ、其他長崎ニ在ル宿老ノ唐通事ヲモ徴寄セ、省中ニ学局ヲ開キ、文書司ニ属シ習業サセシメント欲ス」とあり、外務省は自ら漢語学所を開設し、省内の「大訳官」及び長崎唐

通事から教師を選択して「文書司」に所属させている。

「今也西洋諸州ノ学術盛大ニ流行、童蒙ニ至ルマテ講究ヲ専ニスレハ、勧誘ノ力ヲ労セスシテ趨進スト雖、支那語学ノ如キハ尤迂遠ニ聞エ、誰一人トシテ有志ノ者アルヘキナラズ。然レバ強テ駆迫ストモ、卒業ノ目的無ク頻ル困却ノ余リ僃勘考スルニ、最初ヨリ学費ヲ支給セラルヽノ他術策ナキヲ以テ、生徒ヲ三十名ト限リ」とは、当時は西洋の学問が盛んであり、中国語の学習を志す人は滅多にいなかった。そこで、「学費ヲ支給セラルヽ」のように最初に官費生として学生を30名以内で募集している。

「尤、生徒ノ人選ハ其身ノ尊卑ニ拘ハラズ、文辞敏捷ニシテ年齢十一二歳ヨリ十六七歳マデヲ限リ、選挙官用修行トシテ、習学サセシメント欲ス」とあり、身分の制限がなく、11才から17才までの学生を募集している。

上記のように官立機構・外務省漢語学所は開設された。そして、「未タ其著手ニ至リ難シト」から見る限り、開設以前には中国語教育の官立機構はなかったと思われる。

（2）東京外国語学校

漢語学所は開設して2年後、外務省の管理から離れて文部省に移管された。『法令全書』（明治六年）に収録された文部省の明治6年（1873）第73号布達（5月18日）は次のように述べている。

第七十三號（五月十八日）
外務省附屬外國語學所今般當省所轄ニ相成候條此段相達候也

漢語学所は文部省に移管され間もなく開成学校の語学部と合併して東京外国語学校を設立した。国立公文書館デジタルアーカイブに公開された「外国語学所旧開成学校へ合併届」（『公文録・明治六年・第五十八巻・明治六年十一月・文部省伺』に収録）は次のように述べている。

外國語學所舊開成学校ヘ轉移合併致候ニ付開申
外國語學所之儀元開成学校語学教場ヘ合併致シ自今外國語学校ト相稱候
間此段致上申候也
明治六年十一月五日　文部少輔田中不二麿
右大臣岩倉具視殿

　以上のように、明治初期の最初の中国語教育の官立機構は明治4年（1871）
外務省に開設された漢語学所であり、明治6年（1973）文部省に移管された。
移管して間もなく開成学校の語学部と合併して東京外国語学校となった。

2　明治初期中国語教育の教師

（1）漢語学所の教師

　漢語学所の教師の募集について、外務省が太政官に提出した「支那語学塾
に関する伺書」は次のように述べている。

　　本省大訳官ノ内、支那語学精熟ノ者ニ教師ヲ命シ、其他長崎ニ在ル宿老
　　ノ唐通事ヲモ徴寄セ、省中ニ学局ヲ開キ、文書司ニ属シ習業サセシメン
　　ト欲ス（再掲）

　外務省の「大訳官」及び長崎唐通事から教師を選択している。
　『外務省の百年』（再版）に収録された明治2年（1869）の「職員録」によ
ると、当時の「大訳官」は次のようになっている。

　　無位　藤原朝臣　政方（石橋）　　　　無位　藤原朝臣　嘉度（立）
　　無位　　鄭永寧（鄭）　　　　　　　　無位　橘朝臣　宗峻（子安）

　また、『国史大辞典』「唐通事」の項は唐通事について次のように述べている。

近世の長崎や薩摩藩・琉球王府などに置かれた中国語の通訳官。長崎では、奉行が慶長九年（一六〇四）に在留明人の馮六（馮六官）をこれに任じて以来、和語に通じた有力在留明人とその子孫を世襲的に任用した。（筆者注：中略）機能は単なる通訳官ではなく、通訳業務のほか、正徳五年（一七一五）以降通商許可証である信牌をその名で発給し、大通事林梅卿により宝暦末期から唐金銀が輸入されたのをはじめ、輸出入品の評価に加わり、船別の取引銀高を具申し一部裁量するなど商務官的な性格が強く、唐人の監視統制にあたる。

　つまり、唐通事は日本側に設置された唐船貿易の商務官であり、通訳などの業務を担当する者である。
　ところで、早稲田大学古典籍総合データベースに公開された『外務省日誌』（自明治四年第一號至同年第五號）の「明治四年辛未第壹号　自正月元日至十日」の「附録」によると、開設当初の漢語学所の教職員は以下のようになっている。

　　漢語學所分課
　　督長　　　　文書權正　　　鄭永寧
　　仝兼教導　　文書大佑　　　頴川重寬
　　教導　　　　文書少佑　　　蔡祐良
　　守事　　　　文書權大佑　　近藤真鋤
　　仝　　　　　外務權少録　　土子豊憲
　　仝　　　　　外務權少録　　齋藤素成
　　教佐　　　　文書權少佑　　周道隆
　　仝　　　　　文書大令史　　清河武雅
　　仝　　　　　文書大令史　　彭城中平
　　助讀　　　　文書大令史　　石崎肅之

「督長　文書權正　鄭永寧」とあるように、漢語学所の督長は鄭永寧である。明治2年外務省の「職員録」に示されたように鄭永寧は「大訳官」である。よって、「支那語学塾に関する伺書」の言及した「大訳官」は鄭永寧を指しているのであろう。

　教職員の職務について、早稲田大学古典籍総合データベースに公開された『外務省日誌』（自明治四年第一號至同年第五號）の「明治四年辛未第壹号　自正月元日至十日」の「附録」は以下のように述べている。

　　督長　語學所諸事ヲ総理スルヲ掌ル
　　教導　生徒ヲ教育シ語理學術ヲ傳授スルヲ掌ル
　　守事　語學所事務ヲ鑒察シ並ニ金銀出納營繕等ヲ掌ル
　　教佐　教導ヲ佐テ生徒ニ教授スルヲ掌ル
　　助讀　教佐ヲ補ヒ生徒ヲ教授スルヲ掌ル

　上記によれば、督長は管理職、教導・教佐・助読は教育担当、守事は事務担当であったことがわかる。

　また、『唐通事家系論攷』によると、教職員の鄭永寧・頴川重寛・蔡祐良・清河武雅・彭城中平・石崎粛之は以下①～⑥のように知られる。

　　①鄭永寧（1829－1897）、鄭二官を祖とする鄭氏家系の唐通事。
　　②頴川重寛（1831－1891）、陳沖一を祖とする葉の頴川家系の第8代。
　　③蔡祐良（1822－1883）、蔡二官を祖とする蔡氏家系の第9代。
　　④清河武雅（1823－1900）、張三峯を祖とする清川（のち清河）氏家系の
　　　第9代。
　　⑤彭城中平（1832－1874）、劉鳳岐を祖とする彭城氏家系の第11代。
　　⑥石崎粛之（不詳－1882）、柳姓の人を祖とする柳屋（石崎）氏家系の唐
　　　通事。

序論　明治期中国語教育の発端

周道隆について『唐通事家系論攷』は記述していない。しかし「周」という姓を名乗っているので、同じく長崎唐通事の出身者ではないかと思われる。

以上のように、漢語学所の教授陣は殆ど長崎唐通事出身の人々であったことがわかった。

（2）東京外国語学校の教師

さて、先ほど述べたように漢語学所は明治6年（1973）文部省に移管された。移管して間もなく開成学校の語学部と合併して東京外国語学校となる。

『東京外国語学校沿革』に収録された「明治七年三月に於ける官員並生徒一覧」は、東京外語学校漢語学科（漢語学所の後身）の初期教授陣を以下のように述べている。

漢語學一等教論　　　　潁川重寛
同　　四等教論　　　　蔡祐良
同　　教論心得　　　　石崎肅之・川崎近義

元漢語学所の教師・潁川重寛・蔡祐良・石崎肅之の名前が見られる。そして、中嶋幹起（1999）によると、川崎近義（1844－1884）は長崎唐通事の出身者ではないが、潁川重寛の教え子である。よって、東京外語学校漢語学科の初期教授陣は同じく長崎唐通事関係者であったと言えよう。

3 明治初期中国語教育の学生

漢語学所学生の募集について、外務省が太政官に提出した「支那語学塾に関する伺書」は次のように述べている。

今也西洋諸州ノ学術盛大ニ流行、童蒙ニ至ルマテ講究ヲ専ニスレハ、勧誘ノ力ヲ労セスシテ趨進スト雖、支那語学ノ如キハ尤迂遠ニ聞エ、誰一

23

人トシテ有志ノ者アルヘキナラズ。然レバ強テ駆迫ストモ、卒業ノ目的無ク頻ル困却ノ余リ倩勘考スルニ、最初ヨリ学費ヲ支給セラルヽノ他術策ナキヲ以テ、生徒ヲ三十名ト限リ、五等ニ分チ一等一箇月金一両、二等同金二両、三等同金三両、四等以上ハ省内ノ空地ニ小塾建造、此所ニ入学糧食ヲ給与シ別ニ一箇月金一両、五等ハ同金二両ニ定メ、四等五等入塾ハ、人数拾名ニ限リ就学手当トシテ下賜一両年ノ後、得業ニ至ラハ支那ニ差遣シ、其事務ニ干渉通弁ニ使役セバ、訳司ノ人材陸続出来スルニ於テハ、後日貿易盛大富国ノ要策ナリ。右、入費並学局諸費トモ、精々節倹ヲ用ヒ、総テ一ケ年凡二千両余ニモ至ルベシ。<u>尤、生徒ノ人選ハ其身ノ尊卑ニ拘ハラズ、文辞敏捷ニシテ年齢十一二歳ヨリ十六七歳マデヲ限リ、選挙官用修行トシテ、習学サセシメント欲ス。</u>（再掲、下線は筆者）

　身分の制限がなく、11才から17才までの学生を官費生として30名以内で募集している。
　早稲田大学古典籍総合データベースに公開された『外務省日誌』（自明治四年第一號至同年第五號）の「明治四年辛未第壹号　自正月元日至十日」の「附録」は漢語学所の学生募集について次のように述べている。

漢語稽古所出來次第近日開學ノ事
別紙　但舊年諸官省ヘ達ス
今般當省ニ於テ漢語通辨ノ稽古取開キ候ニ付年齢十一二歳ヨリ十五六歳マテニテ可也手跡モ出來且學庸論孟ノ素讀出來候テ有志ノ者有之候ハ子弟厄介ノ差別ナク當人ヨリ直ニ當省ヘ願出候様御申達可被成候此段申達候也
庚午十月二十四日　　　外務省

　「子弟厄介ノ差別ナク」とあるように同じく身分制限なく学生を募集している。

序論　明治期中国語教育の発端

　ところで、実際にどのような学生を募集したかについては、『東京外国語学校沿革』に収録された「明治七年三月に於ける官員並生徒一覧」をみれば、一端を知ることができる。明治7年（1874）東京外国語学校漢語学科の学生名簿を表に纏めてみると、次の〔**表1**〕となっている。

〔**表1**〕明治7年（1874）3月における東京外国語学校漢語学科の学生名簿

	東京	長崎	石川
上等第六級	石原昌雄	頴川高清	中田敬義
下等第一級	富田政福・鄭永昌・榎木師美	頴川雅言・彭城邦貞・吉島俊明	
下等第二級甲	加藤義三・遠山忠治	中山繁松	二口美久
下等第二級乙	池田忠吉・山岡惟光	周壮十郎・神代愛二郎	
下等第三級	柴田銚太郎・関口長之・小林光太郎・鄭邦二郎	御幡雅太郎・石崎正之・盛久二郎	
下等第四級	古川鉄太郎・中山信吾・大沢茂・渡辺寛治・高島敬久		

　〔表1〕を見ると、長崎出身の学生は10人である。『唐通事家系論攷』によると、長崎唐通事の姓には「平野」・「頴川」・「矢島」・「彭城」・「遊龍」・「柳屋」・「陽」・「林」・「官梅」・「俞」・「何」・「神代」・「高尾」・「中山」・「東海」・「盧」・「鄭」・「吉島」・「西村」・「方」・「清河」・「呉」・「周」・「王」・「薛」・「楊」・「蔡」・「井手」・「黄」・「陸」・「李」・「河副」・「太田」・「平井」・「魏」・「鉅鹿」などがある。姓から見て、長崎出身の「頴川高清」・「頴川雅言」・「彭城邦貞」・「吉島俊明」・「中山繁松」・「周壮十郎」・「神代愛二郎」・「石崎正之」などは長崎唐通事の子孫であった可能性がある。

　「下等第一級」には「鄭永昌」、「下等第三級」には「鄭邦二郎」という人物がいる。2人について『東亜先覚志士記伝』（下巻）は次のように述べている。

　【**鄭永昌**】號は吉甫。鄭永寧の長子として安政二年十二月十一日長崎古川町に生る。幼少より父に就て學び、明治三年上京、外務省官費生とし

25

て同省内設立の漢語學校へ入學し（筆者注：下略）

【鄭永邦】文久二年十二月廿八日鄭永寧の二男として長崎に生る。東京外國語學校卒業後、明治十三年北京公使館通譯見習となり、十八年公使館御用掛として伊藤全權大使の北京談判第二回會談には、父永寧に代わつて之が通譯の大任を果した。

「鄭永昌」は漢語学所の督長であった鄭永寧の長男であり、「鄭邦二郎」は次男である。2人とも東京出身であるが、唐通事出身者の子孫である。

「子弟厄介ノ差別ナク」とあるように身分制限なしに募集していたが、実際に応募・採用・在籍した学生の多くは、恐らく長崎唐通事の子孫たちではないかと思われる。

4 明治初期中国語教育の教科書

〔表1〕によると、明治7年（1874）3月に東京外国語学校漢語学科の「上等第六級」に中田敬義という人物がいる。『現代人名辞典』（第二版）は、中田敬義について次のように述べている。

君は石川縣の人、中田德兵衞氏の長男にして、安政五年六月二十二日を以て生る、明治初年舊藩費生たり、九年外務三等書記官に任ぜられ北京公使館に在勤す、其後外務卿秘書官、交際官補、公使館書記官、外務大臣秘書官等に歴任し、外務省政務局長に進む、二十八年日清講和談判日本全權辨理大使附書記官として會議に参列し、功を以て勲四等に敍せられ、從四位を賜る、三十一年古河鑛業會社理事となり、横濱電線製造會社重役たりしことあり、夫人を喜代子と呼び、六男あり

当時使用された教科書について、中田敬義（1942）は次のように述べている。

外務省の漢語學所にはだいたい五六十人ぐらゐの生徒がゐた。一番はじ

序論　明治期中国語教育の発端

めにアイウエオ、カキクケコを習はされた。今から考へてみると變な話
だが、これで音を直すといふのだつた。「三字經」を支那音で習つた。そ
れから「漢語踷歩」という三冊ほどの黄色い表紙の本を習つたが、これ
は單語だけ並べたものだつた。それから進んでは、長崎通事の使つてゐ
た「二才子」とか「鬧裏鬧（ナオリーナオ）」とか、「譯家（イ）必備」とかいふやうな寫本類
を使つた。いまひとつ、なんといふ名であつたか忘れたが、船から長崎
に上陸したときのことを書いたものもあつた。これは進んだ方であつた。

　上記の中田敬義の追想によると、当時使用された教科書は『三字経』・『漢
語踷歩』・『二才子』・『鬧裏鬧』・『訳家必備』など、長崎唐通事稽古用のテキ
ストである。

5 まとめ

　以上、当時の史料などに即して、明治初期の中国語教育を概観した。内容
は以下①〜④のように纏められる。

① 　明治初期の中国語教育の官立機構は、明治4年（1871）外務省に開
　　　設された漢語学所である。漢語学所は明治6年（1973）文部省に移
　　　管された。移管して間もなく開成学校の語学部と合併して東京外国
　　　語学校となった。
② 　教師の多くは鄭永寧・頴川重寛のような長崎唐通事の出身者である。
③ 　学生の多くは長崎唐通事関係者の子孫である。
④ 　当時に使用された教科書は『三字経』・『漢語踷歩』・『二才子』・『鬧
　　　裏鬧』・『訳家必備』などの長崎唐通事稽古用のテキストである。

第2節　唐船貿易における唐船の出航地と唐船乗組員の出身地

第1節で述べたように、明治初期の中国語教育は鄭永寧・頴川重寛のよう

な長崎唐通事出身者によって進められている。唐通事について、『国史大辞典』「唐通事」の項は次のように述べている。

　　近世の長崎や薩摩藩・琉球王府などに置かれた中国語の通訳官。長崎では、奉行が慶長九年（一六〇四）に在留明人の馮六（馮六官）をこれに任じて以来、和語に通じた有力在留明人とその子孫を世襲的に任用した。（筆者注：中略）機能は単なる通訳官ではなく、通訳業務のほか、正徳五年（一七一五）以降通商許可証である信牌をその名で発給し、大通事林梅卿により宝暦末期から唐金銀が輸入されたのをはじめ、輸出入品の評価に加わり、船別の取引銀高を具申し一部裁量するなど商務官的な性格が強く、唐人の監視統制にあたる。（再掲）

　つまり、唐通事は日本側に設置された唐船貿易の商務官であり、通訳などの業務を担当する者である。

　以下、明治期中国語教育の発端を明らかにするため、唐通事によって担当された唐船貿易の状況を検討しておきたい。検討の仕方は伝統的な歴史学の方法によらず、現代中国語方言区画に基づき、唐船の出航地と唐船乗組員の出身地を検討する。

1 唐船の出航地

1.1 唐船の出航地を記録した史料

　唐船の出航地を記録した史料について、岩生成一（1953）は次のように述べている。

近世日支貿易に関する日本文の計数的史料にして、管見に上るものは極めて少い。殊にその中期以前の船数については前述の諸書に引用列挙されたものゝ他に、先づ華夷変態八十冊と唐通事会所日録九冊を挙げねばならぬ。前者は内閣文庫に所蔵され、三十五巻八十冊の大部に上り、関係年代は正保年

代から享保二年（一七一七年）に亘り、長崎来航船毎に、一々その出帆地の情報を徴したもので、直接貿易に関する記事は余り多くないが、来航船の出帆地、来航経路や船主、船長、客商など乗組員に関する貴重な資料は必ず書き込まれてゐる。唐通事会所日録は、長崎博物館の所蔵にして、十冊中第二巻を欠ぎ、寛文三年（一六六三）から正徳五年（一七一五）に及んでゐて、貿易品に関する計数的記事は少ないが、貿易手続きや其の運営、船数に関しては重要な記事を含んでゐる。

来航唐船の出航地について、『華夷変態』という史料が挙げられている。

東洋文庫刊行本『華夷変態』（再版）「序」は『華夷変態』の概要について次のように述べている。

> ここに「華夷變態」といふのは、徳川幕府の鎖國體制下に於ける海外風説の集成書に與へられた書名である。風説書は概して外地の商人からもたらされた報告で、所謂唐船風説書である。中にはまま和蘭陀風説書も雑つてゐる。殊に初期の分には往々にして彼の地に於ける勅諭・咨文・檄文・時務論策等をも含んでゐる。年代はわが正保元年（清の順治元年、西暦一六四四年）から享保九年（雍正二年、一七二四年）までで、その間八十年に及んでゐる。そのこれを華夷變態と名づけたのは明清鼎革の際に當り、夷を以つて華を猾す變態と見たからである。本書の編者は幕府の儒官林春齋及び鳳岡の父子であつた。ところがその續編になると「崎港商説」と改題してある。そこで浦廉一教授はその解説に於いて、永年にわたる唐船風説書の輯綴の名稱としては「崎港商説」の方が適はしいといふことであるが、清朝はこの後も實際續いてゐるのであるから、これを總稱して「華夷變態」と題しておいても差支へないであらう。

『華夷変態』は鎖国時代に長崎に来航した外国の貿易船がもたらした海外情報の記録であり、海外「風説書」の集成書である。よって、東洋文庫刊行本の『華夷変態』（再版）を利用し、来航唐船の出航地を検討してみる。

貞享 5 年（1688）の唐船「風説書」に「四番寧波船之唐人共申口」がある。
「風説書」は「四番寧波船」の渡航情報について次のように述べている。

　　私共船之義、唐人數四拾貳人乗り組申候而、寧波を二月廿二日に出船仕
　　申候所に、（筆者注：変体仮名を通行の仮名に改めた）

　「寧波を二月廿二日に出船仕申候所に」とあるように、「風説書」によって
唐船の出航地を知ることができる。
　本節では、岩生成一（1953）の指摘を踏まえ、『華夷変態』を資料として唐
船の出航地を調査していきたい。取り扱った『華夷変態』は東洋文庫刊行本
『華夷変態』（再版）による。

1.2　唐船名と実際の出航地

（1）唐船名

　貞享 5 年（1688）の唐船「風説書」は 191 冊ある。「風説書」はそれぞれ「三
番寧波船之唐人共申口」・「四番寧波船之唐人共申口」・「五番南京船之唐人共申
口」・「六番温州船之唐人共申口」……「百九拾壹番廣南船之唐人共申口」・
「百九拾貳番寧波船之唐人共申口」・「百九拾三番廣南船之唐人共申口」・「百
九拾四番廣南船之唐人共申口」である。
　「寧波船」・「南京船」・「温州船」・「廣南船」とあるように、文献では唐船
に地名が冠せられている。『華夷変態』「華夷変態解題（説）」は、唐船の名付
け方について次のように述べている。

　　「唐通事會所日録」「華夷變態」「崎港商説」等に載録せられたる唐船の
　　名稱には、國姓船、錦舎船等の如く、その派遣者名を以て船名としたも
　　のも少數あるが、その大部分は、山東、南京、舟山、普陀山、寧波、台
　　州、温州、福州、泉州、廈門（思明州）、東寧（高砂、臺灣）、漳州、沙

埕、安海、潮州、廣東、高州、海南等の、山東、江蘇、浙江、福建、廣東の中國頻海五省に互る「澳門」をのぞく地名、竝に東京、安南、廣南、占城、束埔寨、暹羅、六崑、宋居勝、大泥、麻六甲、咬𠺕吧、萬丹等の、「比律賓諸島」をのぞく所謂南方諸地域方面の地名が冠せられて居る。

以上によると、『華夷変態』は地名を冠して唐船の名称を付けている。

唐船の名称として冠せられた地名について、『華夷変態』「華夷変態解題(説)」は次のように述べている。

　　然しこの唐船名は、唐船それ自體の固有船名ではなく、その年長崎渡航に際しての、起帆地名そのものを船名としたもので、例えば「南京船」「廣東船」と云うは、「南京出し船」「廣東出し船」である。

　　そしてその地名も、起帆地そのものを直接指す場合もあり、起帆地一帯の總括的名稱を採つた場合もある。例えば「南京船」と呼んだものには、南京は勿論鎮江、淮安、常州、揚州、蘇州、上海、松江出帆の船をも含んで居るが如きである。

唐船の名称として冠せられた地名は、出航地そのものを直接に指す場合もあり、出航地一帯の総括的地名を指す場合もあるということである。

（2）実際の出航地

そこで、「南京船」を例として唐船名と実際の出航地との関係を検討してみる。

貞享5年（1688）の唐船「風説書」において「南京船」と名乗った唐船は22艘である。それら「南京船」を記載した「風説書」は次の①〜㉒である。

　　①「五番南京船之唐人共申口」今度南京之内、上海と申所に而、唐人数五拾壹人乗組候而、當月六日に出船仕申候（変体仮名を通行の仮名に改

31

めた、下線は筆者、以下②〜㉒同様)

②「七番南京船之唐人共申口」今度も<u>南京之内、上海</u>と申所に而、唐人数三拾八人乗組申候而、當二月廿一日に上海を出船いたし

③「拾番南京船之唐人共申口」私共船之儀、<u>南京之内上海</u>と申所におゐて、唐人数四拾五人乗り組、當月十一日、彼地致出船渡海仕申候

④「拾壹番南京船之唐人共申口」此度も<u>南京之内上海</u>と申所に而、唐人数六拾四人乗組申、當月十一日に上海出船仕候

⑤「拾五番南京船之唐人共申口」私共船之儀は、<u>南京之内上海</u>と申所に而仕出し、唐人数四拾五人乗り組み申候而

⑥「三拾番南京船之唐人共申口」私共船之儀者、<u>南京之内上海</u>と申所に而、唐人数五十八人乗り候而、五月八日に上海出船仕候

⑦「四十四番南京船之唐人共申口」私共船之儀は、<u>南京之内上海</u>と申所に而仕出し渡海仕候、唐人数五拾人乗り組、五月八日に上海出船仕

⑧「七拾四番南京船之唐人共申口」私共船は、<u>南京之内、上海</u>と申所に而仕出し申候

⑨「八拾六番南京船之唐人共申口」私共船之儀は、<u>南京之内上海</u>と申所に而仕出し罷渡申候船に而御座候

⑩「八拾九番南京船之唐人共申口」私共船之儀、<u>南京之内上海</u>と申所におゐて仕出し、唐人数四十七人乗組、當月十一日に上海出船仕候

⑪「九拾壹番南京船之唐人共申口」私共船之儀、<u>南京之内上海</u>と申所に而仕出し申候船に而御座候、上海に而唐人数貳十七人乗組、當月六日に彼地致出船罷渡申候

⑫「百貳拾三番南京船之唐人共申口」私共船は<u>南京之内上海</u>と申所において仕出し、唐人数六拾人乗り組

⑬「百三拾三番南京船之唐人共申口」私共船之儀、<u>南京之内上海</u>と申所に而仕出し、唐人数四拾九人乗組候而、當月朔日に上海出船仕致渡海候

⑭「百三拾六番南京船之唐人共申口」私共船は<u>南京之内上海</u>と申所におゐて仕出し罷渡り申候、則上海に而唐人数五拾壹人乗り組、當六月廿九

序論　明治期中国語教育の発端

日に彼地出船仕申候

⑮「百五拾三番南京船之唐人共申口」私共船之儀、<u>南京之内上海</u>と申所におゐて仕出し罷渡申候、唐人數七拾五人乗組、當月三日に上海出船仕致渡海候

⑯「百五拾四番南京船之唐人共申口」私共船は、<u>南京之内上海</u>と申所に而仕出し、唐人數三十七人乗組、當月三日に彼地出船仕致渡海候

⑰「百六拾九番南京船之唐人共申口」私共船之儀は、<u>南京之内上海</u>と申所にて仕出し罷渡り申候

⑱「百七拾壹番南京船之唐人共申口」私共船は<u>南京之内上海</u>と申所に而仕出し、唐人數六拾七人乗り組、當十三日に上海出船仕申候

⑲「百七拾五番南京船之唐人共申口」私共船之儀は、<u>南京之内上海</u>と申所に而仕出し、唐人數八拾貳人乗り組、當七月廿二日に無類船、私ども船一艘出船仕致渡海候

⑳「百七拾九番南京船之唐人共申口」私共船は<u>南京之内上海</u>と申所にて仕出し罷渡り申候、則於上海に、唐人數六拾五人乗り組、當七月六日に上海出船仕候

㉑「百八拾壹番南京船之唐人共申口」私共船は、<u>南京之内上海</u>と申所に而仕出し

㉒「百九拾四番南京船之唐人共申口」私共船は、<u>南京之内上海</u>と申所に而仕出し、唐人數百拾一人乗り組、當七月十二日に致出船

　下線部に「南京之内上海」とあるように、唐船の出航地は「上海」と考えられる。貞享5年（1688）において、22艘の唐船は「南京船」と名乗っていたが、実際の出航地は「上海」である。なぜ「南京船」と名乗ったかというと、「起帆地一帯の總括的名稱を採つた場合もある」からであろう。唐船名は必ずしも実際の出航地を指すとは限らない。したがって、本稿では唐船名に依らず「風説書」の記載によって実際の出航地を判明していきたい。

33

1.3 年間来航した唐船の船数

　『華夷変態』は海外「風説書」の集成書である。唐船「風説書」の記載によって唐船の渡航情報を知ることができる。今、貞享 5 年（1688）の唐船「風説書」を例として年間来航した唐船の総数について検討してみる。

　貞享 5 年（1688）の唐船「風説書」は 191 冊ある。唐船「風説書」はそれぞれ「三番寧波船之唐人共申口」・「四番寧波船之唐人共申口」・「五番南京船之唐人共申口」・「六番温州船之唐人共申口」……「百九拾壹番廣南船之唐人共申口」・「百九拾貳番寧波船之唐人共申口」・「百九拾三番廣南船之唐人共申口」・「百九拾四番廣南船之唐人共申口」である。

　「三番寧波船」・「四番寧波船」・「五番南京船」・「六番温州船」・「百九拾壹番廣南船」・「百九拾貳番寧波船」「百九拾三番廣南船」・「百九拾四番廣南船」とあるように、唐船「風説書」において唐船には番号が付けられている。文献上における唐船の番号について、『華夷変態』「華夷変態解題（説）」は次のように述べている。

　　　吾國に於てはこれ等の唐船名に、その長崎入津の年次、竝にその入津の
　　順番を附して、「子の年壹番南京船」「丑の年拾番寧波船」などと呼稱し
　　たことは、吾國長崎關係諸文獻に疊見する所であるが、清の汪鵬の「袖
　　海編」にも、
　　　　又曰某番。以年之次第計之。如申年首到。則爲申・一・番。次到則申・二・番。
　　とあつてこれを指摘して居るが、これ等はすべて日本側の、長崎入津唐
　　船の處理上の便宜によるものである。

　唐船に付けられた番号は年間来航した唐船の順番である。
　貞享 5 年（1688）の唐船「風説書」には「百九拾四番廣南船之唐人共申口」がある。「百九拾四番」は唐船「風船書」において唐船に付けられた最大の番号である。よって、貞享 5 年（1688）に来航した唐船は少なくとも 194 艘で

序論　明治期中国語教育の発端

あると考えられる。

　以上、本節で言う年間来航した唐船の船数は、文献で確実的に記載された総数ではなく、唐船「風説書」によって知られる最多の船数である。

1.4　唐船出航地の分布

　本節で取り扱った『華夷変態』は正保元年（1644）から享保九年（1724）にかけての「風説書」を収録している。但し、正保元年（1644）から貞享 3 年（1686）にかけての「風説書」は、唐船の来航についての記載に欠落や省略などが多く見られる。一方、貞享 4 年（1687）以降の「風説書」は唐船の来航を比較的整えて記載している。そのため、本節では貞享 4 年（1687）から享保 8 年（1723）にかけての内容を調査していきたい。

　本節で取り扱った『華夷変態』は、再版する際に 38 冊の唐船「風説書」を増補した。増補された唐船「風説書」は、それぞれ延宝 3 年（1675）1 冊、延宝 6 年（1678）1 冊、延宝 8 年（1680）7 冊、元禄 7 年（1694）1 冊、元禄 8 年（1695）3 冊、正徳元年（1711）25 冊である。

　唐船の出航地を調査する際には、本文と補遺をすべて調べるべきである。しかし、江戸時代の書籍は版元などによって内容が異なっている。そのため、残念ながら今回は本文のみの調査として、補遺についての調査は今後の課題とする。

　以下、『華夷変態』を利用して唐船の出航地を調査し、次の〔**表 2**〕とした。調査した年間は貞享 4 年（1687）から享保 8 年（1723）にかけての内容である。但し、補遺は除くことにした。

〔表2〕貞享4年(1687)から享保8年(1723)

年号	西暦	船数	官話区		呉語区															潮
			山	南	蘇	上	呉	午	寧	普	舟	単	馬	後	刺	虫	宕	台	温	
貞享4	1687	136				25	1		19	6			1						1	34
貞享5	1688	194				22			32	5									1	42
元禄2	1689	79				14			17	3									1	11
元禄3	1690	90	2		1	11			15	7								1	1	7
元禄4	1691	90	1			16			21	7								2	3	9
元禄5	1692	73	2			8		1	19									1	1	12
元禄6	1693	81	1			7			13	6								1	2	11
元禄7	1694	73	1			6			12	3								2	2	4
元禄8	1695	58				4			14	3						1	3		1	6
元禄9	1696	81	2			2			8	4	1		1				1		2	1
元禄10	1697	102	3	1		6			9	6	4	1		1				4	5	9
元禄11	1698	71	1			18			17	3								1	3	5
元禄12	1699	73				22			23	3	1									2
元禄13	1700	53				22			18											
元禄14	1701	66				22			23	1	1			1	1		1			2
元禄15	1702	90				12			12							1				2
元禄16	1703	80				8			7	1			1							1
元禄17	1704	84				21			14											1
宝永2	1705	88				8			2											1
宝永3	1706	93				9														1
宝永4	1707	84				12			2											
宝永5	1708	104				45			23											1
宝永6	1709	57				19			8	1										1
宝永7	1710	52				14			12	1									1	
正徳元	1711	62							4											
																			正徳5年	1715
享保2	1717	43				8			24	1										
享保3	1718	23				11			7											
享保4	1719	36				15			7	1										
享保5	1720	35				24			3											1
享保6	1721	36				12		1	4											1
享保7	1722	30				14			10	2	1									
享保8	1723	34				11	3		9	4										

注1:山・南・蘇・上などの一字漢字はそれぞれ山東・南京・蘇州・上海・呉淞・午浦・寧波・普陀山・鎮海・泉州・晋江県・安海・厦門・漳州・台湾・潮州・掲陽・広東・広州・高州・南澳・新州・海

注2:『正徳新例』は新井白石の進言により正徳5年(1715)出された23項目の貿易制度改正令である。『正...や松浦章(1972)などを参考されたい。

にかけて長崎に来航した唐船数及びその出航地

閩語区														粵語区・客家話区							其他	小計
長	狼	沙	五	鎮	東	昔	普	安	廈	漳	湾	潮	掲	恵	広	高	南	新	海	瓊	其他	小計
			4						13	1	2	1		2		3	1			1	3	18
2		2	1		7		1		27	1	4	7	1	11	1	4	3		3		14	3
		1			3				4	3	1	2		6		3					10	
1		2			5				7	5	2	4		4		2			1		12	
					4				6	3	2	1		3		2					10	
					4				5	2	1			3		5					9	
		2			3				4	4	3	4		1		3					16	
		3			6				2	5	1	2		2		3					16	3
	1		2		3				2	2	1			4							10	
1		2			4				3	2	3	2		1		1			3		13	24
		4			3	1			3	7	3	4		3		3		1	1		19	1
		1							2	2						3					13	2
		1			1				5	3						2			1		9	
									3	5											3	
									2	1	3					2			1		3	2
									2	4				1								56
			1	1					3	12				2							5	38
				1					6	1	14			2							3	21
																					2	75
									1	10									1		2	69
									4					1							3	61
									4	8				4							5	14
									2	1											2	23
									1	1				3							5	14
									1												2	55
『正徳新例』																						
									1					2							1	6
									1					1							1	1
									1												1	11
									2	1											1	3
									2													16
									2	1												
									1					1							2	3

舟山・華山・馬蹟山・後海・祠堂澳・東閩・定海・台州・温州・福州・長楽県・狼崎・沙埕・五虎門・
南・瓊州を表している。
『正徳新例』によって唐船数は年間30艘に制限され、「信牌」制度が実施された。詳しくは柴田元次（1952）

(1)〔表2〕の作成方法

（Ⅰ）〔表2〕の横軸は唐船の出航地、縦軸は年代を記している。横軸の山・南・蘇・上・呉・乍など一字漢字はそれぞれ山東・南京・蘇州・上海・呉淞・乍浦・寧波・普陀山・舟山・華山・馬蹟山・後海・祠堂澳・東関・定海・台州・温州・福州・長楽県・狼崎・沙埕・五虎門・鎮海・泉州・晋江県・安海・厦門・漳州・台湾・潮州・掲陽・広東・広州・高州・南澳・新州・海南・瓊州を表している。横軸と縦軸の交差欄に記載した数字は唐船数である。

（Ⅱ）中にある旧地名の位置は『中国古今地名大辞典』による。例えば「高州」について、『中国古今地名大辞典』は次のように述べている。

　　【高州】南朝梁置。治高涼。在今廣東陽江縣西三十里。（筆者注：中略）明爲高州府。清因之。

　　【高州】南朝梁の時代に設置。高涼を管理する。今の広東省陽江県から西に30里。（筆者注：中略）明朝は高州府を設置した。清朝は明朝に因る。（筆者注：日本語訳は筆者）

つまり、「高州」は今の広東省陽江県から西に30里に位置している。

（Ⅲ）唐船の出航地は方言区により二重線で分けている。方言区の区分は『中国語言地図集』による。呉語区を例として説明したい。
　　『中国語言地図集』の「図B9　呉語」についての説明によると、呉語の分布区域は凡そ次のようである。

太湖片

　　毗陵小片

　　　江蘇：常州市　武進﹣部　丹陽　金壇﹣部　溧陽　宜興　江陰﹣部　沙洲﹣

序論　明治期中国語教育の発端

　　　　　_部　靖江_{一部}　南通県_{一部}　海門_{一部}　啓東_{一部}　高淳_{一部}

蘇滬嘉小片

　　江蘇：南通県_{一部}　如東_{一部}　沙洲_{一部}　啓東_{一部}　海門_{一部}　常熱市　無錫
　　　　　市　無錫県　蘇州市　呉県　呉江　昆山　太倉

　　上海市：上海市区　上海県　嘉定　宝山　川沙　南匯　奉賢　松江
　　　　　金山　青浦　崇明

　　浙江：嘉興市　嘉善　桐郷　平湖　海塩　海寧

苕溪小片

　　浙江：湖州市

杭州小片

　　浙江：杭州市_{一部}

臨紹小片

　　浙江：臨安_{一部}　富陽　蕭山　桐廬　建徳_{一部}　紹興市　諸暨　嵊県　新
　　　　　昌　上虞　余姚　慈溪

甬江小片

　　浙江：寧波市　鄞県　奉化　寧海一部　象山　鎮海　定海　普陀　岱
　　　　　山　嵊泗

台州片

　　浙江：臨海　三門　天台　仙居　黄岩　椒江市　温嶺　玉環　楽清_{一部}
　　　　　寧海_{一部}

甌江片

　　浙江：楽清_{一部}　永嘉　温州　甌海　瑞安　平陽_{一部}　蒼南_{一部}　文成_{一部}
　　　　　泰順_{一部}　洞頭_{一部}　玉環_{一部}　青田_{一部}

婺州片

　　浙江：金華市　蘭溪　浦江　義烏　東陽　磐石　永康　武義_{一部}　建徳
　　　　　_{一部}

処衢片

　　処州小片

浙江：麗水　縉雲　宣平一部　雲和　景寧畬族自治県　文成一部　青田一
　　　　　　部　泰順一部　慶元一部

　　龍衢小片

　　　浙江：龍泉　慶元一部　松陽　遂昌　衢州市　龍遊　開化　常山　江山

　　　江西：上饒市　上饒県　玉山　広豊　徳興一部

　　　福建：浦城一部（筆者注：下付きの「一部」は筆者、下位行政区画を
　　　　　　指している）

以上から、唐船出航地の「蘇州」・「上海」などは呉語区である。

　なお、『中国語言地図集』の「図B13　広東省的漢語方言」によると、現在
の広東省は主として「粤語」であるが、その中に「客家話」を挟んでいる。
そこで、「粤語」と「客家話」を一括して「粤語」区・「客家話」区と考えて
おきたい。

　（Ⅳ）唐船貿易では「柬埔寨」・「暹羅」・「六崑」・「宋居勝」・「咬留吧」・「麻
六甲」・「大泥」・「万丹」からの唐船もある。「柬埔寨」・「暹羅」などは中国の
域外なので、「其他」の欄に置いた。

　（Ⅴ）貞享5年（1688）を例として「不詳」の欄について説明する。

　貞享5年（1688）の唐船「風説書」は191冊ある。唐船「風説書」はそれ
ぞれ「三番寧波船之唐人共申口」・「四番寧波船之唐人共申口」・「五番南京船
之唐人共申口」・「六番温州船之唐人共申口」……「百九拾壹番廣南船之唐人
共申口」・「百九拾貳番寧波船之唐人共申口」・「百九拾三番廣南船之唐人共申
口」・「百九拾四番廣南船之唐人共申口」である。「一番」・「二番」・「九番」唐
船の「風説書」は欠如している。唐船「風説書」がないので、唐船の渡航情
報が確認できない。よって、「不詳」の欄に数字「3」を記入した。

（2）〔表2〕と〔図1〕の検討

　〔図1〕は〔表2〕から転換した推移図である。〔表2〕と〔図1〕に基づき、

序論　明治期中国語教育の発端

唐船の出航地について検討していきたい。

（ⅰ）唐船数は、貞享 4 年（1687）136 艘、元禄 2 年（1689）79 艘、元禄
11 年（1698）71 艘、元禄 14 年（1701）66 艘、宝永 6 年（1709）57 艘、享保
2 年（1717）43 艘、享保 4 年（1719）36 艘、享保 8 年（1723）34 艘である。
全体的に減少していく傾向が見られる。

（ⅱ）閩語区からの唐船は、貞享 4 年（1687）55 艘、貞享 5 年（1688）95
艘、元禄 6 年（1693）31 艘、元禄 16 年（1703）18 艘、宝永 3 年（1706）12
艘である。他の地域と比べて一番多い。

（ⅲ）呉語区からの唐船は、元禄 2 年（1689）35 艘、元禄 3 年（1690）36
艘、元禄 4 年（1691）49 艘、元禄 5 年（1692）30 艘、元禄 7 年（1694）25
艘、元禄 8 年（1695）26 艘、元禄 9 年（1696）19 艘、元禄 10 年（1697）36
艘、元禄 11 年（1698）42 艘、元禄 12 年（1699）49 艘、元禄 13 年（1700）
40 艘、元禄 14 年（1701）50 艘、元禄 15（1702）25 艘、元禄 17 年（1704）
35 艘、宝永 2 年（1705）11 艘、宝永 4 年（1707）14 艘、宝永 5 年（1708）
68 艘、宝永 6 年（1709）28 艘、宝永 7 年（1710）28 艘、正徳元年（1711）4
艘、享保 2 年（1717）33 艘、享保 3 年（1718）18 艘、享保 4 年（1719）23
艘、享保 5 年（1720）28 艘、享保 6 年（1721）18 艘、享保 7 年（1722）27
艘、享保 8 年（1723）27 艘である。他の地域と比べて一番多い。

（ⅳ）官話区からの唐船は僅かである。元禄 3 年（1690）2 艘、元禄 4 年
（1691）1 艘、元禄 5 年（1692）2 艘、元禄 6 年（1693）1 艘、元禄 7 年（1694）
1 艘、元禄 9 年（1696）2 艘、元禄 10 年（1697）4 艘、元禄 11 年（1698）1
艘である。これ以外の年度において官話区からの唐船は見られない。

41

[図1] 貞享 4 年 (1687) から享保 8 年 (1723) にかけて唐船数及びその起帆地の推移

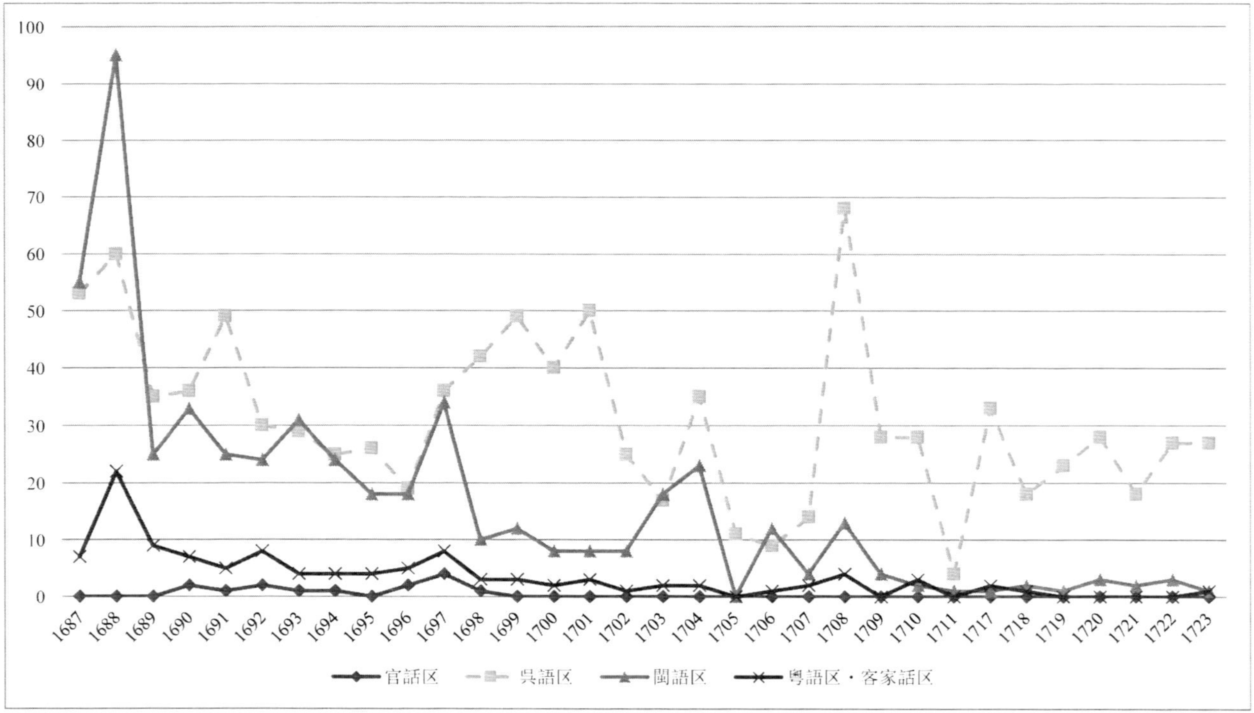

（ⅴ）享保 2 年（1717）から享保 8 年（1723）まで呉語区からの唐船が一番多く、それぞれ 33 艘・18 艘・23 艘・28 艘・27 艘・27 艘である。25 艘前後に揺れている。

（ⅵ）享保 2 年（1717）から享保 8 年（1723）まで官話区・閩語区・粤語区・客家話区からの唐船はわずかである。

上の（ⅰ）〜（ⅵ）をさらに纏めると、次の①〜④となる。
① 唐船数は全体的に減少する傾向にある。
② 年度によって、閩語区からの唐船は一番多い時があるが、全体的に見れば、呉語区からの唐船が一番多く、圧倒的な多数を占めている。
③ 官話区からの唐船はわずかである。
④ 唐船の出航地は呉語区に限定する傾向が見られる。

以上、『華夷変態』によって貞享 4 年（1687）から享保 8 年（1723）にかけての唐船出航地を調査した。結果は呉語区からの唐船が一番多く、しかも呉語区に限定される傾向が見られる。

2 唐船乗組員の出身地

2.1 唐船乗組員の出身地を記録した史料

次に、唐船乗組員の出身地について検討していく。唐船乗組員の出身地を記録した史料について、中村質（1971）は次のように述べている。

　　唐船の乗組員については、船頭に関する限り、延宝二（一六七四）年から享保九（一七二四）年まで、尤も初期と末期には欠落年次や省略の船も多いが、幕府に進達された唐船風説書等を編綴した『華夷変態』によ

って、各船の船頭氏名・渡航前歴・起帆地及び航海記事・乗組員数など
が知られ、ほぼ同時期の長崎滞在中の取引や客・水夫などの動きは『唐
通事会所日録』に具体的である。その後正徳五（一七一五）年から幕府
までの船頭名と起帆地は「信牌方記録」・「割符留帳」・「信牌数覚書」・「販
銀額配銅之数」等の未刊文書や『明安調方記』等によって、ほぼその全
容を知ることが出来、これら船頭と起帆地の関係は、夙に来航商人の資
本系譜、信牌制度―起帆地別隻数制限―等の観点から、先学の考察の対
象とされてきた。しかしながら、各船の全乗組員の氏名・職掌・年令・
宗旨・出身地・貨物の保有状況など、唐船の人的構成を示す具体的史料
は、積荷帳の存在よりはるかに稀少で、前記漂着船のいくつかにその例
を見出すのみである。

　史料『華夷変態』などによって、唐船の出航地・船頭氏名・乗組員数など
が知られる。しかし、乗組員の氏名・職掌・出身地などは具体的に示されて
いない。唐船の乗組員の構成を示す具体的史料は漂着船の少数の例しかない。
　漂着船の史料に関して、関西大学東西学術研究所の刊行した『江戸時代漂
着唐船資料集』がある。この資料集は『寶暦三年八丈島漂着南京船資料―江
戸時代漂着唐船資料集一―』・『文政九年遠州漂着得泰船資料―江戸時代漂着
唐船資料集二―』・『寛政元年土佐漂着安利船資料―江戸時代漂着唐船資料集
三―』・『文化五年土佐漂着江南商船郁長發資料―江戸時代漂着唐船資料集四
―』・『安永九年安房千倉漂着南京船元順号資料―江戸時代漂着唐船資料集五
―』・『寛政十二年遠州漂着唐船萬勝號資料―江戸時代漂着唐船資料集六―』・
『文政十年土佐漂着江南商船蔣元利資料―江戸時代漂着唐船資料集七―』・
『安政二・三年漂流小唐船資料―江戸時代漂着唐船資料集八―』・『文化十二
年豆州漂着南京永茂船資料―江戸時代漂着唐船資料集九―』の９集からなっ
ている。
　これら資料集の第１集・第２集・第３集・第５集・第６集・第９集は中国
から長崎へ来航する貿易船の資料集である。第４集・第７集は中国大陸の沿

序論　明治期中国語教育の発端

海を航行して交易等を行った商船の資料集である。第 8 集は 5 つの漂着船の資料を収録し、長崎貿易船・沿海商船・漁船という三種の漂着船に関する纏まった資料集である。

　第 2 集『文政九年遠州漂着得泰船資料—江戸時代漂着唐船資料集二—』は、文政 9 年（1826）遠州榛原郡下吉村（現静岡県榛原郡吉田町、本書の解題による）に漂着した「得泰船」の資料を収録したものである。所収された「唐船漂流民護送往復文書」は「得泰船」の乗組員情報を次のように記録している。

　　　船主　劉景箔　在留長崎　年五十四才　杭州人

　　　仝　　楊啓堂　　　　　　年二十七才　平湖人

　　　財副　朱柳橋　　　　　　年四十八才　杭州人

　　　仝　　劉聖孚　　　　　　年三十一才　候官人

　第 3 集『寛政元年土佐漂着安利船資料—江戸時代漂着唐船資料集三—』は、寛政元年（1789）土佐に漂着した「安利船」の資料を収録したものである。所収された「護送日記」は「安利船」の乗組員情報を次のように記録している。

　　　船主　朱心如　年三十三歳　杭州人　祀媽祖
　　　財副　丁醒斎　仝五十三歳　湖州人　仝
　　　夥長　林徳海　仝四十六歳　福清人　仝
　　　舵工　楊積學　仝三十八歳　仝　　　仝

　第 5 集『安永九年安房千倉漂着南京船元順号資料—江戸時代漂着唐船資料集五—』は、安永 9 年（1780）安房千倉に漂着した「南京船元順号」の資料を収録している。所収された「遊房筆語」は「南京船元順号」の乗組員情報

45

を次のように記録している。

　　船主　　沈敬瞻　年四十二歳　蘇州　祀媽祖
　　財福　　顧寧遠　年二十九歳　松江　仝
　　副船主　方西園　年四十五歳　新安　仝
　　夥長　　蘇孟堪　年四十歳　　厦門　仝

　第6集の『寛政十二年遠州漂着唐船萬勝號資料―江戸時代漂着唐船資料集六―』は寛政 12 年（1800）遠州に漂着した唐船「萬勝号」の資料を収録したものである。所収された「寧波舩筆語」は「萬勝号」の乗組員情報を次のように記録している。

　　船主　劉然乙　年四十二歳　杭州人
　　仝　　汪晴川　年二十六歳　仝
　　財副　陳國振　　四十一　　福清人
　　夥長　林徳海　　四十八　　仝

　第9集の『文化十二年豆州漂着南京永茂船資料―江戸時代漂着唐船資料集九―』は文化 12 年（1815）豆州に漂着した唐船「南京永茂船」の資料を収録している。所収された「清舶筆談」は「南京永茂船」の乗組員の情報を次のように記録している。

　　船主　張秋琴　在留長崎
　　仝　　楊秋棠　年三十七歳　平湖人　祀媽祖
　　財副　陶粟橋　年二十四歳　海塩人　仝
　　夥長　邱友斌　年四十八歳　長楽人　仝

　上記のように、資料集の第 2 集・第 3 集・第 5 集・第 6 集・第 9 集は、長

46

崎貿易船の乗組員の情報を記録している。

　また、資料集の第1集と第8集も長崎貿易船の資料集であるが、乗組員の情報は記録していない。

　そこで、本節では中村質（1971）の指摘を踏まえ、資料集の第2集・第3集・第5集・第6集・第9集を利用して乗組員の出身地や職掌を調べていくこととする。

2.2　唐船乗組員の地域的な分布

　上述の5つの資料を利用し、唐船乗組員の職掌や出身地を調べると、次の〔**表3**〕となる。

〔表3〕唐船乗組

年号	西暦	船名	職掌	呉語区												
				無	蘇	呉	元	江	浙	松	平	海	杭	湖	寧	鄞
安永9年	1780	元順	船主	1												
			副船主													
			財副							1						
			附搭													
			随使	5						1				1		
			小計	10												
			總官						1							
			夥長													
			舵工													
			日侶							1						
			炮手													
			小計	2												
			合	6			2	2						1		
			計	12												
寛政元年	1789	安利	船主										1			
			副船主													
			財副												1	
			附搭													
			随使	4									3	3		
			小計	12												
			總官													
			夥長													
			舵工													
			日侶												3	
			炮手													
			小計	3												
			合	4									4	4	3	
			計	15												
寛政12年	1800	萬勝	船主										2			
			副船主													
			財副													
			附搭													
			随使	1	1	1					7	1	1	1	2	
			小計	18												
			總官													
			夥長													
			舵工													
			日侶					1			3			1		1
			炮手													
			小計	7												
			合	1	1	1	1				10	1	3	2	2	1
			計	25												

員の職掌と出身地

			閩語区															
慈	鎮	新	徳	福	閩	候	長	清	澄	興	石	恵	晋	厦	同	龍	不詳	合計
																		1
		1																1
																		1
																		7
								0										
				1														2
														1				1
														2				2
				20										30	12			63
								66										
		1		21										33	12			78
								66										
																		1
																		1
																		10
								0										
					1													1
								1										1
						1	1											2
			1	12	7	7	19	12										61
								62										
			1	12	8	7	20	14										77
								62										
																		2
								1										1
		1						1										17
								2									2	
														2				2
								2										2
														2				2
		1			2			19	1	11	12		1	8				61
								60										
		2			2			23	1	11	12		1	12				87
								62										

年号	西暦	船名	職掌	呉語区												
				無	蘇	呉	元	江	浙	松	平	海	杭	湖	寧	鄞
文化12年	1815	永茂	船主								1					
			副船主													
			財副										1			
			搭份													
			随使		1						3					
			小計								6					
			總官													
			夥長													
			舵工													
			目侶	1							5				1	1
			炮手								7				1	
			小計								19					
			合計	1	1						16	1			2	1
			計								25					
文政9年	1826	徳泰	船主								1	1				
			副船主													
			財副									1				
			財搭								4					
			随使		7						1					
			小計								16					
			總官													
			夥長													
			舵工													
			目侶		1						7				2	1
			炮手													
			小計								11					
			合計		8						13		3		2	1
			計								27					

註1：〔表3〕の「無」・「蘇」・「呉」・「元」など…字漢字はそれぞれ「無錫」・「蘇州」「寧波」・「鄞県」・「慈溪」・「鎮海」・「新安」・「寧徳」・「福州」・「閩県」・「候安」・「龍溪」などの地名を表している。

注2：「船主」：唐船の荷主に代わって貿易業務の一切を主宰するもの。「財副」：積…使」：随員であるが、下僕を含むか。「夥長」：航海の技術面を担当する長、航…一般船員をいう。

慈	鎮	新	閩語区														不詳	合計
			徳	福	閩	候	長	清	澄	興	石	忠	晋	厦	同	龍		
																		1
																		1
				1														1
																	4	8
								1									4	
					1													1
						1												1
						2	1											3
2	1		1	9	7	16	4								17			65
				1														9
								60										
2	1		1	11	8	19	5								17		4	90
								61										
					1													2
				1														2
					1	1												6
					1	1												12
								6										
						1												1
						1												1
				1										1				2
				17	13	6	5						1	31	1			85
								78										
				19	16	10	5						1	32	1			111
								84										

・「呉縣」・「元和」・「呉江」・「浙江」・「松江」・「平湖」・「海鹽」・「杭州」・「湖州」・
官」・「長楽」・「福清」・「海澄」・「興化」・「石門」・「恵安」・「晋江」・「厦門」・「同

荷の管理にあたり、船主を補佐する重要職。「附搭」：人を使う役、随使の長。「随
海上。「總官」：船主の事務を処理して、船員を統率する、いわば事務長。「目侶」：

（1）〔表 3〕の作成方法

（Ⅰ）〔表 3〕は二重線で 5 段に分け、年代順で漂着唐船の情報を並べている。1 番目は安永 9 年（1780）の「南京船元順号」、2 番目は寛政元年（1789）の「安利船」、3 番目はは寛政 12 年（1800）の「萬勝号」、4 番目は文化 12 年（1815）の「南京永茂船」、5 番目は文政 9 年（1826）の「得泰船」である。

（Ⅱ）横軸は地名である。〔表 3〕の「無」・「蘇」・「浙」・「松」など一漢字はそれぞれ「無錫」・「蘇州」・「浙江」・「松江」・「平湖」・「海鹽」・「杭州」・「湖州」・「寧波」・「鄞県」・「慈溪」・「鎮海」・「新安」・「寧徳」・「福州」・「閩県」・「候官」・「長楽」・「福清」・「恵安」・「厦門」・「同安」・「龍溪」を表している。
　横軸はさらに、方言区によって二重線で分けている。方言区の区分は同じく『中国語言地図集』による。例えば、『中国語言地図集』の「図 B9　呉語」によると「無錫」は「呉語」区である。

（Ⅲ）縦軸は「職掌」である。「職掌」の意味は『文政九年遠州漂着得泰船資料―江戸時代漂着唐船資料集二―』に所収された「得泰船筆語」（巻上、野田希一録・田中謙二訳注）の注釈などによる。「得泰船筆語」（巻上、野田希一録・田中謙二訳注）の注釈は「職掌」について次のように説明している。

　　　船主　唐船の荷主に代わって貿易業務の一切を主宰するもの。
　　　財副　積荷の管理にあたり、船主を補佐する重要職。
　　　隨使　随員であるが、下僕を含むか。
　　　總官　船主の事務を処理して、船員を統率する、いわば事務長。
　　　夥総　夥長と総管（前出）。夥長は航海の技術面を担当する長、航海士。
　　　目侶　一般船員をいう。

また、『文化十二年豆州漂着南京永茂船資料―江戸時代漂着唐船資料集九―』

に所収された「清舶筆談」は「搭份」の意味を次のように説明している。

　　　人を使う役　隨使の長　　搭份　　黄振新　年三十三歳　全

「搭份」は人を使う役であり、隨使の長である。

　上記によって、唐船乗組員の職掌の意味がわかる。「船主」・「財副」などは貿易に関する職であるが、「總官」・「夥長」・「目侶」などは運航に関する職であろう。

　そのため、職掌別によって2つのグループに分ける。「船主」・「副船主」・「財副」・「附搭」・「搭份」・「随史」は1のグループであり、「總官」・「夥長」・「舵工」・「目侶」・「炮手」はもう1つのグループである。

　（Ⅳ）『文化十二年豆州漂着南京永茂船資料—江戸時代漂着唐船資料集九—』に所収された「清舶筆談」は「随史」の項で次のように述べている。

　　　張発程　年二十四歳　呉広人　　　　　　　全（筆者注：随史）
　　　胡四　　年三十三歳　江蘇人　　　　　　　全
　　　費茂　　年三十五歳　全（筆者注：江蘇人）　全
　　　賈朝林　年四十五歳　全（筆者注：江蘇人）　全

　『中国古今地名大辞典』などを調べたが、「呉広」がどこを指すかは不明である。「江蘇」は省名なので、対応する方言区画を判断するのが難しい。そこで、これらを「不詳」の欄に置いた。

（2）〔表3〕の検討

　唐船乗組員の出身地と職掌の関係について、『文化十二年豆州漂着南京永茂船資料—江戸時代漂着唐船資料集九—』「解題」は次のように述べている。

永茂船には、九〇名が乗船していた。船主から下級船員の目侶、水手までを全てその出身地別にすると福建省が六一名、浙江省が二四名、江蘇省等が五名となり、この永茂船の乗員の構成比率から福建省が六七・七%、浙江省が二六・七%、その他が五・六%である。永茂船の出港地が浙江省の乍浦ではあるが、福建出身の乗員が圧倒的多数を占めていた。さらに乗員の出身縣別で比較してみると上の表になる。

永茂船の乗員構成を全体から見ればこのようであるが、船主は平湖、財副は海鹽人と貿易に関する重要業務は浙江の関係者、運航に関する乗員は福建人と、さらに大砲を扱う砲手等は平湖人などその地域的特性が見られる。

「南京永茂船」では職掌によって乗組員の地域的特性が見られる。

そこで、上記の指摘を踏まえて乗組員の出身地の方言区と職掌の関係を検討してみる。

（ⅰ）安永9年（1780）の「南京船元順号」は、総乗組員は78人である。呉語区出身の人は12人であり、内10人は「船主」・「財副」・「随使」のような貿易に関する職である。閩語区出身の人は66であり、すべて「總官」・「夥長」・「目侶」のような運航に関する職である。

（ⅱ）寛政元年（1789）の「安利船」は、総乗組員は77人である。呉語区出身の人は15人であり、内12人は「船主」・「副船主」・「財副」・「随使」のような貿易に関する職である。閩語区出身の人は62人であり、すべて「總官」・「夥長」・「舵工」・「目侶」のような運航に関する職である。

（ⅲ）寛政12年（1800）の「萬勝号」は、総乗組員は87人である。呉語区出身の人は25人であり、内18人は「船主」・「随使」のような貿易に関する職である。閩語区出身の人は62であり、内60人は「總官」・「夥長」・「舵

工」・「目侶」のような運航に関する職である。

（ⅳ）文化 12 年（1815）「南京永茂船」は、総乗組員は 90 人である。呉語区出身の人は 25 人、閩語区出身の人は 61 人、出身不詳は 4 人である。閩語区出身の人は 61 であるが、60 人は「總官」・「夥長」・「舵工」・「目侶」・「炮手」のような運航に関する職である。

（ⅴ）文政 9 年（1826）「徳泰船」は、総乗組員は 111 人である。呉語区出身の人は 27 人であり、内 16 人は「船主」・「財副」・「附搭」・「随使」のような貿易に関する職である。閩語区出身の人は 84 であり、内 78 人は「總官」・「夥長」・「舵工」・「目侶」のような運航に関する職である。

上の（ⅰ）〜（ⅴ）をさらに纏めてみると、次の①〜③のようになる。
① 　閩語区出身の人が一番多く、圧倒的多数を占めている。
② 　「船主」・「副船主」・「財副」・「附搭」・「随史」のような貿易に関する職は、殆ど呉語区出身の人である。
③ 　「總官」・「夥長」・「舵工」・「目侶」・「炮手」のような運航に関する職は、殆ど閩語区出身の人である。

3 まとめ

明治初期の中国語教育は、鄭永寧・頴川重寛のような長崎唐通事出身者によって進められる。長崎唐通事は近世唐船貿易の商務官であり、中国語の通訳などを担当する者である。

本節では、明治初期の中国語教育の背景として、唐通事によって担当された唐船貿易の状況を検討した。検討する際には、唐船の出航地と唐船乗組員の出身地を焦点にした。

史料『華夷変態』は唐船の出航地を記録している。本節で取り扱った『華夷変態』は東洋文庫刊行本『華夷変態』（再版）による。『華夷変態』を調査

したところ、唐船は呉語区からのものが一番多く、呉語区に限定される傾向が見られることを明らかにした。

関西大学東西学術研究所の刊行した『江戸時代漂着唐船資料集』は唐船乗組員の出身地を記録している。『江戸時代漂着唐船資料集』を調べた結果、唐船乗組員に関して言えば、「船主」・「副船主」・「財副」など貿易に関する職は殆ど呉語区出身の人であることを明らかにした。

唐船は呉語区からのものが一番多く、呉語区に限定される傾向が見られることや、唐船乗組員に関して言えば、「船主」・「副船主」・「財副」など貿易に関する職は殆ど呉語区出身の人であることからみれば、唐船貿易における呉語区は日本にとって最も重視された地域ではないかと思われる。また、唐通事の中国語は業務用の言葉であったゆえ、唐通事にとって呉語または呉語の下位方言は、特に重視された言語ではないかと言えよう。

第3節　『大清文典』と明治初期の中国語教育

1 明治初期中国語教育の先行研究

明治初期の中国語教育についての先行研究は何盛三（1935）・安藤彦太郎（1958）・六角恒広（1988）・朱全安（1997）・中嶋幹起（1999）・野中正孝（2008）などがある。諸先学は様々な面で明治初期の中国語教育を興味深く検討しており、本書は諸先学に負うところが多い。本節では教育内容についての記述に焦点を置き、先行研究を検討していきたい。

（1）何盛三（1935）

何盛三（1935）『北京官話文法』は「総説第五　日本に於ける近代支那語」「二、明治初年（南京官話時代）」の節で、明治初期の中国語教育について次のように述べている。

序論　明治期中国語教育の発端

明治初年から我國の對支外交に支那語を以て仕えた者わ暫の間わ唐通
事出身者のみであつた。英佛獨語等わ西歐文明の吸収に一意専心であつ
た當時に於て既に其修得希望者が多く、夙に諸學校並に外國語學校の設
があつて之を教えたが、支那語（當時唐語の名廢されて一般に漢語と云
う）に至つてわ外務省が其實際上の必要から霞ケ關の其省内に魯語學所
と並び設けた漢語學所に於て教うるのみであつた。

漢語學所の教師わ唐通事出身者を主とした數人で、（主任頴川重寛　蔡祐
良　彭城某〔サカキ〕　石崎肅之、　周某〔以上唐通事出身〕　川崎近義〔水戸の人〕）生徒わ主と
して唐通事の子弟が官費生として、省内の長屋に住んで居た。（以上明治
四五年の交）

當時の修學方法わ先づアイウエオ五十音の正確な發音法を練習させ、其
後三字經、漢語踥歩、〔部類に分ち單語を集めたもの〕と云う様な書物を支那音で讀む
ことを教えたもので、相當此等に習熟すると、其後わ今古奇観一點張で
あつたと云う、無論當時の支那語わ唐通事時代の南京官話であつた。（筆
者注：下線は筆者）

「無論當時の支那語わ唐通事時代の南京官話であつた」とあるように、何
盛三（1935）は明治初期の中国語教育において「南京官話」が教授されたと
指摘している。

（2）安藤彦太郎（1958）

安藤彦太郎（1958）「日本の中国語研究（明治以后）」は、明治初期の中国
語教育を概観するものである。明治初期の中国語教育について次のように述
べている。

明治のはじめころ，しばらくのあいだ，中国語の研究・教授は，幕末か
らひきつづいて，「唐通事」によっておこなわれた。徳川時代には海外，
とくに清国への，ほとんど唯一の窓口は長崎であったから，そこには，

57

通訳の任にあたる数十人の唐通事がおかれていた。「本通事」とか「稽古通事」とかいった階級があり，いわば家伝として「唐話」がまなばれ，近代的な語学教育とはいいがたいものであった。ただそのうちで長崎唐通事の出身で，江戸にでて儒者の仲間入りをした岡島冠山（1675～1728）の功績は，みのがすことができない。（筆者注：中略）

明治維新後，日本がはじめて清国と外交関係をもち，通商仮条約をむすんだのは，明治4年（1871年）である。この年の2月，外務省のなかに漢語学所というのがもうけられた。教師はすべて唐通事出身，学生はおもにその子弟で官費生として住みこみ，「唐話纂要」を教科書として使った。したがって，このころの発音は，長崎伝来の南京官話で，北京音ではなかった。清国との交渉で北京音学習の必要が痛感され，それに切りかえられたのは，明治9年になってからである。（筆者注：下線は筆者）

「このころの発音は，長崎伝来の南京官話で，北京音ではなかった。」とあるように、安藤彦太郎（1958）は当時の教育内容について「南京官話」と指摘している。

（3）六角恒広（1988）

　六角恒広（1988）『中国語教育史の研究』は、明治4年（1871）から明治30年頃（1897）までの中国語教育はどのような意義をもって行われたか、どのような条件で成立したかを主眼として記述しているものである。「I篇　創草期の南京語教育」「一　この時期の概要」節で、明治初期の中国語教育について次のように述べている。

徳川の藩幕体制が崩潰し明治の新しい時代となり、中国語教育がおこなわれることとなったのは、明治四年（一八七一）二月に外務省が開設した漢語学所を以て嚆矢とする。この明治の初期には南京語が教育され、漢語と呼ばれた。（筆者注：下線は筆者、中略）

漢語学所の教師は、旧幕時代の長崎唐通事を招聘した。先徒も多くは唐通事の子弟で、教科書も唐通事時代のものが使われ、唐話の教育法で教えられた。言いかえれば江戸時代の唐話教育が明治の漢語教育として復活したものである。

「この明治の初期には南京語が教育され、漢語と呼ばれた」とあるように、六角恒広（1988）は当時の教育内容について「南京語」と指摘している。また、「Ⅴ編　附論　長崎唐通事と唐話」の「三　長崎唐通事の唐話」節で、「南京語」の定義について次のように述べている。

中国語の方言分布からみて、南京語は下江方言に属し、官話系方言の一つである。したがって共通語としての役割りをはたすもので、唐通事の福州口・漳州口と比較してより広範囲に通用するものである。

六角恒広（1988）は「南京語」を「官話系方言」・「共通語」と考えているのであろう。

（4）朱全安（1997）

朱全安（1997）『近代教育草創期の中国語教育』は、日本の近代教育制度草創期の官立学校の中で中国語の教育がどのように取り扱われ、教科として成立するに至ったかを考察したものである。「第一章　維新期の学校改革と漢語学所の設立」「第二節　漢語学所」の項で明治初期の中国語教育について次のように述べている。

漢語学所の教育課程、教育内容などに関する正確な記録は、今のところまだ発見されていないが、当時、漢語学所の生徒であった中田敬義の回想文から、漢語学所の教育内容を間接的に知ることができる。（筆者注：下線は筆者）

明治四年（一八七一）、中田は中国語学習のため、金沢から上京したが、当時、中国語を教授する施設は外務省漢語学所のみであり、漢語学所に入学した。中田の追想によれば、当時の中国語教師はみな日本人で、いずれも長崎唐通事出身者であり、その中には蔡祐良、周某、石崎粛之、彭城某などがおり、首席は頴川重寛であった。生徒はおよそ五、六十人ほどが在籍していた。（筆者注：中略）

漢語学所で実際に行われた教育の実状を伝える記録は非常に乏しく、詳細な様子を知ることは難しいが、その運営に関する限られた資料からみれば、教師を雇うための予算配当が寡く、教師の多くは外務省の文書司に所属して、兼務の形で漢語学所での教育に携わっていた。教官の人数は不足し、しかも手当が少なく、つねに中国語の教授に専念できなかったというのが実情であった。そこには、つねに財政の問題がつきまとい、後日、漢語学所の命運をさえ左右しかねなかったのである。

　朱全安（1997）は当時の教育内容を、「中田敬義の回想文」から間接的に知ることができると指摘している。しかし、具体的な教育内容は詳しく論述していない。

(5) 中嶋幹起（1999）

　中嶋幹起（1999）「唐通事の担った初期中国語教育―南京官話から北京官話へ」は、第1節「中国語学研究の黎明期」で、明治初期の中国語教育内容について次のように述べている。

　本学の東アジア課程中国語専攻は、その源を求めると、長崎の唐通事に発している。明治の初期、東京外国語学校が開学したとき、漢語学科の教授陣は、長崎から迎えた頴川重寛を筆頭にした唐通事からなり、生徒の多くも長崎出身の通事の後裔たちが占めていた。（筆者注：中略）

　一八七三（明治六）年十一月四日東京外国語学校は開学した。漢語学科

の母胎となった外務省の漢語学所では旧藩にも呼びかけて生徒の募集を行った。長崎の通事の後裔たちに混じり、漢学の伝統のある藩校から選出された優秀な学生たちは<u>唐通事の先生の教導の下、「南語（南京官話）」を学ぶのである。</u>（筆者注：下線は筆者）

「唐通事の先生の教導の下、「南語（南京官話）」を学ぶ」とあるように、中嶋幹起（1999）は当時の教育内容を「南京官話」と指摘している。

（6）野中正孝（2008）

野中正孝（2008）『東京外国語学校史』は、「Ⅰ　初めての官立外国語学校」「3　明治七年の東京外国語学校」節で、明治初期の中国語教育について次のように述べている。

七年三月現在の漢語学の日本人教官は、さきに見たように、教諭が頴川重寛・蔡祐良、教諭心得が石嵜粛之・川崎近義で、頴川、蔡、石嵜は長崎唐通事出身の漢語学所教官、川崎は頴川の弟子で漢語学所の塾佐であった。<u>いずれも「長崎風の発音」（南方中国語）で教授していた。</u>外国教諭の周幼梅も葉松石も中国南方出身で、そのことばは南方中国語であった。（筆者注：下線は筆者）

「いずれも「長崎風の発音」（南方中国語）で教授していた」とあるように、野中正孝（2008）は教育内容について「南方中国語」と指摘している。
また、「南方中国語」について、野中正孝（2008）は「Ⅰ初めての官立外国語学校」の「5 巣立っていった人たち」節で次のように述べている。

二七ページでふれたように、頴川、蔡、石嵜はいずれも長崎唐通事の出身で、頴川は漢語学所の督長兼教導、蔡は教導、石嵜は助読であった。川崎は、頴川に師事して漢語を学び、漢語学所の塾佐であった。一〇年

後の『東京外國語學校一覧／明治十六、十七年』には、日本人教員は頴川重寛教諭と川崎近義助教諭、清国人教員は關桂林と張滋昉となっている。頴川・蔡・石嵩・川崎・葉松石から頴川・川崎・關桂林・張滋昉への教員の顔ぶれの変化は、漢語学の授業が長崎唐通事系の南語（南京官話）から北語（北京官話）中心へと転換したことを示す。（筆者注：下線は筆者）

「長崎唐通事系の南語（南京官話）」とあるように、野中正孝（2008）は長崎唐通事の「南方中国語」を「南京官話」であると考えているのであろう。

　以上、明治初期中国語教育についての先行研究を検討した。諸先学はいずれも中国語教育史の視点から明治初期中国語教育を検討するものである。
　教育内容に関して言えば、何盛三（1935）は「南京官話」、安藤彦太郎（1958）は「南京官話」、六角恒広（1988）は「南京語（官話系方言、共通語）」、朱全安（1997）は「不詳」、中嶋幹起（1999）は「南京官話」、野中正孝（2008）は「南方中国語（南京官話）」と指摘した。

2 教科書『鬧裏鬧』・『漢語跬歩』・『訳家必備』の検討

　前節では、明治初期中国語教育についての先行研究を検討した。当時の教育内容は「南京官話」または「南京語（官話系方言、共通語）」などと指摘されている。
　諸先学はいずれも中国語教育史の視点から明治初期中国語教育を検討するものである。しかしながら、当時の教科書などを調査資料として語学的に検討する記述は見られない。当時の教育内容を究明するには、当時使用された教科書を語学的に検討する必要があると思われる。そこで、本節では当時使用された教科書を語学的に検討する。
　第1節の「4 明治初期中国語教育の教科書」で述べたように、漢語学所の生徒であった中田敬義の追想によって当時使用された教科書を知ることがで

序論　明治期中国語教育の発端

きる。中田敬義の追想によると、当時使用された教科書は『三字経』・『漢語踷歩』・『二才子』・『鬧裏鬧』・『訳家必備』など、長崎唐通事稽古用のテキストである。

『中国語教本類集成』（第1集第1巻）は『鬧裏鬧』・『漢語踷歩』を復刻している。『唐話辞書類集』（第20集）は『訳家必備』を影印している。以下、3つの教科書を検討する。

（1）『鬧裏鬧』

『中国語教本類集成』（第1集第1巻）に『鬧裏鬧』が復刻されている。「所収書解題」の項は『鬧裏鬧』について次のように述べている。

> 編者・編年不詳。写本　線装1冊。半紙 23.2cm×30cm 二つ折1丁　24字×24行　全14丁（28頁）。早稲田大学図書館所蔵。
> もと長崎唐通事の子弟のための唐話の稽古本であった。明治4年外務省が設立した中国語学校である漢語学所でも使用された。入門課程が終り，次の段階での読み物の教材。いつの頃かの唐通事の誰かの編集であろう。
> （筆者注：中略、下線は筆者）
> 巻末に「何良英蔵書」とある。宮田安『唐通事家系論攷』によると，良英は何海庵を祖とする第7世何栄三郎の次男で，何毓楚を祖とする第5代何隣三の養子となり第6代となった。天保14年（1843）に生まれ，無給稽古通事・小通事末席を経て，維新後は神奈川県書記官・工部省小書記官を歴任，明治41年（1908）2月66歳で死去した。

（2）『漢語踷歩』

『中国語教本類集成』（第1集第1巻）に『漢語踷歩』が復刻されている。「所収書解題」の項は『漢語踷歩』について次のように述べている。

63

編者・刊年不詳。刊本　線装 4 冊。22.7 cm×15cm

4 巻を通して部と類の項目に分けて，それぞれに関係する単語ないし 2,
3 字，ときには数字からなる語句が，1 頁 7 行，上下 2 段に配列されてい
る。（筆者注：中略）

全体の構成が，関係することばを部と類に分けて配列する方法をとって
いるのは，江戸時代の唐話の教本類にみられるものである。（筆者注：下
線は筆者）

(3) 『訳家必備』

『唐話辞書類集』（第 20 集）に『訳家必備』が影印されている。「解題」の
項は『訳家必備』について以下のように述べている。

譯家必備　江戸末期鈔本　大一冊

長崎の通事の爲に、清商との對話を項目毎に錄したもの。（筆者注：中略、
下線は筆者）予の藏本は、朝川善庵の孫である片山格（修堂、尚友館）
の舊藏であり、是亦脱誤がある。よって、その照片に、静嘉堂文庫所藏
本を以て一々對校したものを底本とすることにした。對校兩年に渉り、
筆を執つては止むこと數次、その爲、校訂の體裁、前後多様となつてし
まつた。

　上記では、3 つの教科書の「解題」を抜粋した。それによって、3 つの教科
書はすべて唐話類型のテキストであったことが確認できる。ところが、それ
ら教科書を実際に調べると、中には発音を示す仮名ないし記号の如きものが
見られない。発音を表すルビが記されていないので、当時の教育内容が「南
京官話」または「南京語（官話方言、共通語）」であるかどうかについて、検
証しかねる。

3 『大清文典』の特徴

　第1節「明治初期中国語教育の概要」で述べたように、明治初期の中国語教育は長崎唐通事出身の鄭永寧・頴川重寛たちによって進められた。

　教育内容に関して言えば、何盛三 (1935) は「南京官話」、安藤彦太郎 (1958) は「南京官話」、六角恒広 (1988) は「南京語（官話系方言、共通語）」、朱全安 (1997) は「不詳」、中嶋幹起 (1999) は「南京官話」、野中正孝 (2008) は「南方中国語（南京官話）」と指摘している。

　諸先学はいずれも中国語教育史の視点から明治初期中国語教育を検討している。語学的に当時に使用された教科書を検討する記述は見られない。その一つの原因は、おそらく『鬧裏鬧』・『漢語跬歩』・『訳家必備』などの教科書には発音を示すルビが記されていないからであろう。

　ところが、明治期中国語教科書には『大清文典』（明治10年、1877）というものがある。その本の「第一章　論音（母）」と「第二章　論字」において次のように中国語カナ表記で中国語の発音を表している。

　　　移イー　　　奥アウ　　　園イユエン　　　汗アン　　　四スー　　　郡ギユイン

　上の中国語カナ表記について「例言」は次のように述べる。

　　唐 - 音及俗 - 語ノ難キ_レ解シ者ハ、經_二重 - 寛頴 - 川 - 君之一 - 讀ヲ_一、而施ス_二音 - 義ヲ_一焉
　　唐音及ビ俗語ノ解シ難キ者ハ、重寛頴川君ノ一讀ヲ經テ、音義ヲ施ス焉。
　　（筆者注：書き下しは筆者）

『大清文典』の中国語カナ表記は頴川重寛によって付けられたものである。

　第1節「明治初期中国語教育の概要」で述べたように、明治初期の中国語教育は長崎唐通事出身の鄭永寧・頴川重寛たちによって進められた。頴川重寛は漢語学所の督長兼教導であり、東京外国語学校（漢語学所の後身）漢語学一等教論である。

したがって、『大清文典』を考察すれば、明治初期の中国語教育内容の検討に役立つのではないかと思われる。

第4節　『日清字音鑑』とカナ表記法

『日清字音鑑』は明治28年（1985）、伊沢修二・大矢透に同著された中国語発音一覧表である。本書の特徴について「緒言」は次のように述べている。

　　著者ハ、今彼我兩國ノ音韻ヲ生理的言理學、即チ視話法ノ原理ニ照ラシテ考究シ、我假字ニ附スルニ、若干ノ記號ヲ以テシ、猶ホ數個ノ合字ヲ作リテ、其不足ヲ補ヒ、又四聲ノ別ノ如キハ、更ニ言語上ニ考ヘテ、適宜ノ記號ヲ作リ、新ニ我國字ヲ以テ、彼字音ヲ表明スルノ法ヲ設ケタリ。然リト雖モ、著者ガ、彼語學ニ志スノ日、甚ダ淺ク、學習尚ホ未ダ至ラザルヲ以テ、舛誤謬妄ノ多キハ、素ヨリ自ラ覺悟スル所ナリ。大方ノ君子、希クハ是正ヲ賜ヘ。但羅馬字ヲ以テ、支那字音ヲ記スルノ法ハ、從來西人ノ用ヒ來レルモノヲ襲用シテ、更ニ改ムル所ナシ。

「著者ハ、今彼我兩國ノ音韻ヲ生理的言理學、即チ視話法ノ原理ニ照ラシテ考究シ、我假字ニ附スルニ、若干ノ記號ヲ以テシ、猶ホ數個ノ合字ヲ作リテ、」・「但羅馬字ヲ以テ、支那字音ヲ記スルノ法ハ、從來西人ノ用ヒ來レルモノヲ襲用シテ、更ニ改ムル所ナシ」とあるように、注音用の記号は「視話法ノ原理」に照らして工夫された中国語カナ表記を中心としながらローマ字綴りも併記している。次の〔図2〕は『日清字音鑑』の見出しである。

〔図2〕　『日清字音鑑』の見出

序論　明治期中国語教育の発端

『日清字音鑑』および筆頭編纂者・伊沢修二の中国語研究について、魚返善雄（1942）・竹内好（1942）・実藤恵秀（1943b）・六角恒広（1959）・埋橋徳良（1999）・朱鵬（2001）などの先行研究がある。以下、先行研究を検討していきたい。

（1）魚返善雄（1942）

魚返善雄（1942）「支那語界・回顧と展望」は近代中国語教育についての概観であり、伊沢修二の中国語研究を次のように述べている。

> 日清戦争から日露戦争後にかけては多数の會話書や獨習書が発行されてをり、到底一々取上げれて批判するにたへない。中には現在でもその名を記憶され、或は現に使用されてゐる立派な教科書もないではないが、大部分はもはや忘れ去られてゐる。たゞここに特筆すべきは、日清戦後臺灣に渡つて、日本語の進出のため奮闘した伊澤修二氏及びその流れを汲む臺灣語研究者の業績であらう。<u>伊澤氏は稀に見る獨創の才を傾けて支那語の發音方面を開拓したが、残念ながら當時の日本人は氏よりも遙かに低い水準に位してゐたゝめに廣くその説が行はれるには至らなかつた。</u>（筆者注：下線は筆者）

魚返善雄（1942）は伊沢修二の中国語発音研究を近代中国語教育の流れに置いて検討した。「伊澤氏は稀に見る獨創の才を傾けて支那語の發音方面を開拓した」とあり、伊沢修二の中国語発音研究を開拓的・独創的と評価している。

（2）竹内好（1942）

竹内好（1942）「伊沢修二のこと」は、主として伊沢修二の中国語研究について検討している。伊沢修二の研究態度を次のように述べている。

67

伊澤修二の支那語音韻研究については、かつて魚返善雄氏がこの雑誌に
簡単に觸れられたほか、支那語學者の間で問題にされた話をきゝません
が、<u>その獨創的にしてかつ科學的な點、ちかごろの日本の支那語學者諸
君を愧死せしむべきものがあります。</u>このやうな立派な、心をこめた業
績が、受繼ぐものもなく、世間から忘れられてゆくことに小生はまこと
に痛憤を感じます。（筆者注：下線は筆者）

　竹内好（1942）は伊沢修二の中国語研究の態度を「獨創的にしてかつ科學
的」と評価している。

（3）実藤恵秀（1943b）

　実藤恵秀（1943b）「支那語書誌学（4）―日清字音鑑―」は、書誌学的に『日
清字音鑑』を検討するものである。『日清字音鑑』の全体的な評価について次
のように述べている。

　この字引は、日本人の創作であり、日本人の便利なやうにつくつたもの
です。支那人にも西洋人にも、使用困難ですが、漢字音を知る日本人に
都合よくできてゐるのです。<u>かゝる便利なものができてゐたのに、これ
までわが國の支那語界では、利用されずに來たといふことは、何たるふ
しぎ、何たる殘念なことでせう！われらのほこるべきこの天才の功をみ
とめず、たゞ……。</u>いや、いくら書いてもこの遺憾はつきません。せめ
て、これからでもよろしい。これを再版（但し小形に）にでもして、利
用すれば、それこそこの著者の努力にむくいることになるのではないで
せうか。（筆者注：下線は筆者）

　「かゝる便利なものができてゐたのに、これまでわが國の支那語界では、
利用されずに來たといふことは、何たるふしぎ、何たる殘念なことでせう！」

とあり、『日清字音鑑』が世に活用されないことを遺憾であるとしている。また、「われらのほこるべきこの天才の功」と評価している。

（4）六角恒広（1959）

六角恒広（1959）「伊沢修二とその中国語研究」は、伊沢修二の中国語研究の著作及び研究態度を検討するものである。『日清字音鑑』について、次のように述べている。

> 明治二八年に「日清字音鑑」を世に出した伊沢は、そのなかで、日本のカナを主体としそのカナに若干の記号を作って、漢字の中国音を示す法を考案した。その原理としては、もちろん視話法をその基礎においていたわけである。そのころまでに日本の一般の中国語界にあっては、とくに発音の問題をとりあげた書籍は、ほとんど発行されていなかった。（筆者注：中略）
> このような当時の状態に対して、中国語音を正確に表示しようとした意図からなされた「日清字音鑑」は、まことに歴史的意義があるものといえよう。

『日清字音鑑』は、中国語発音書がほとんど発行されていない時代に視話法に照らして工夫したカナで中国語音を正確に表記しようとする意図からなされたものである、と指摘している。そして「まことに歴史的意義があるものといえよう」と評価している。

また、『日清字音鑑』における発音記号について次のように述べている。

> 同書は、漢字を中心にして、その右側に伊沢式の記号を、左側にはウエード式記号を附してある。そして、一つの音節について上平・下平・上声・去声の順に漢字を排列し、また声調の表示には伊沢式の独特な声調

符号をも附してある。なお、音節排列の順序は、漢字を日本音よみにしたときの五十音順になっている。

「伊沢式の独特な声調符号をも附してある」とあるように、『日清字音鑑』の声調符号は独特なものであると指摘している。

また、伊沢修二の研究態度について、次のように述べている。

当時の日本の中国語教育のなかには、科学的なものがなかった。近代における学問とはかけ離れたところで、中国語教育がおこなわれていた。まえにものべたように、当時の中国語教育の目的は、外交的・商業的・実利的・軍事的な方面での実用的要求にこたえるためであった。したがって、当時の中国語界一般は、科学的方法論をもった中国語学や中国語教育の必要を自覚してはいなかった。こうしたところに、伊沢の科学的批判の眼がむけられる余地が十分にあった。伊沢の科学的な研究態度とはなにか、という点について、それは、近代の学問がそなえている科学的な方法論である、といいたい。伊沢が、そうしたものを身に付け、それによって、当時の一般の中国語教育における発音教育を批判し、その実証として視話法の原理にもとずく伊沢式字母を発案したのである。

「近代の学問がそなえている科学的な方法論である」や「その実証として視話法の原理にもとずく伊沢式字母を発案したのである」として、伊沢修二の研究を近代的・科学的・実証的と評価している。

(5) 埋橋徳良（1999）

埋橋徳良（1999）『日中言語文化交流の先駆者――太宰春台、阪本天山、伊沢修二の華音研究』は、第3章「伊沢修二の中国語研究と伊沢式中国語表音字母の成立過程」で、『日清字音鑑』の発音記号について検討している。『日清字音鑑』を「伊沢式発音表記法の萌芽を示す書」と指摘している。

（6）朱鵬（2001）

　朱鵬（2001）「伊沢修二の漢語研究（上）」は、『日清字音鑑』の編纂意図や特色などを検討した。明治以降の中国語教育において、『日清字音鑑』の位置づけについて次のように述べている。

　　明治以降における日本の漢語教育は、ほとんど単純な実用会話主義に重点が置かれた，いわゆる「特殊語学」としてのみ位置づけられ，それからさらに踏み込んだ理論的・学術的な研究には程遠いのが実情であった。一方，学習者自身も，実用的，速習的な結果のみをもとめ，正道を踏んで学習しようとする者が少なく，まさしく迂遠な学習法をとろうとしなかったのが日本の漢語教育・学習の実態であった。そうした風潮にたいして，伊沢の『日清字音鑑』は，方法において，漢語音韻を日本語の仮名，またはローマ字で綴る試みを通じて，発音規範を日本人の発音習慣にしたがって系統化したものであった。その「独創的にしてかつ科学的な点」（竹内好）は，当時の漢語教育界にあって，それはまさに飛躍的に進んだものであったと断言して良いだろう。

　『日清字音鑑』は、方法において中国語音をカナまたはローマ字で綴る試みを通じて、「発音規範」を日本人の発音習慣に従って系統化したものであると指摘している。よって「当時の漢語教育界にあって、それはまさに飛躍的に進んだものであったと断言して良いだろう」と評価している。

　以上の先行研究によると、明治期中国語教育において、『日清字音鑑』をはじめとする伊沢修二の中国語の発音表記法は、近代的・科学的・独創的・実証的なものであるとされている。

　したがって、『日清字音鑑』を検討すれば、明治期中国語教育の発音表記法を再認識できるのではないかと思われる。

本論　中国語カナ表記の音韻学的研究

第1章　『大清文典』の中国語カナ表記について

第1節 『大清文典』について

1 『大清文典』の概要

(1) 『文学書官話』の訓訳本

　『大清文典』は金谷昭によって訓点された中国語文法書である。明治 10
年（1877）青山清吉によって出版された。本書は国立国会図書館近代デジタ
ルライブラリーに公開されたものを利用している。『大清文典』は、表紙・扉・
奥付あり、「原序」2 丁・「例言」1 丁・「目録」1 丁・「本文」53 丁・「漢英對
譯緊要語」2 丁からなっている。扉には「美國高第丕　清國張儒珍同著　日
本金谷昭訓點」とあり、そして、その「例言」には

　　近 - 日於 テニ 坊 - 間 ニ 、得 タリ 舶 - 來 - 本漢 - 土文 - 法 - 書 ヲ 、其書 ヲ 曰
　　フ ニ 文學 - 書 - 官 - 話（Mandarin Grammar）ト ニ 、音 - 論字論、句 - 法文 -
　　法 ヨリ 、以至 ルマテ ニ 話 - 説 ノ 用 - 法 ニ 、章 - 解句 - 析、逐 - 一備 - 論、無 シ
　　レ所 レ遺 ス 、蓋 シ 彼 ノ 國文 - 法之説、實 ニ 以 テ 是 ノ 書 ヲ 、爲 ス ニ 嚆 - 矢 ト ニ 矣、
　　從 テ 此 ノ 法 ニ 分 ニ - 解論 ニ - 釋 スレハ 百 - 般 ノ 文 - 章 ヲ 、修 - 辭論 - 理之道、
　　亦可 キ ニ 以 テ 立 ツ 也、其益 アル ニ 文學 ニ 、豈淺 - 尠 ナランヤ 哉、因 テ 重 ニ - 刊 シテ
　　之 ヲ 改 ニ - 稱大 - 清 - 文 - 典 ト ニ 、以 テ 授 クト ニ 同 - 學之士 ニ 云 フ
　　近日坊間ニ於テ、舶來本漢土文法書ヲ得タリ。其書ヲ文學書官話
　　（Mandarin Grammar）ト曰フ。音論字論、句法文法ヨリ、話説ノ用法ニ
　　至ルマデ、章解句析、逐一備論、遺ス所無シ。蓋シ彼ノ國文法ノ説、實
　　ニ是ノ書ヲ以テ、嚆矢ト為ス矣。此ノ法ニ從テ百般ノ文章ヲ論釋分解ス
　　レバ、修辭論理ノ道、亦以テ立ツ可キ也。其文學ニ益アル、豈ニ淺尠ナ
　　ラン哉。因テ之ヲ重刊シテ、大清文典ト改稱シ、以テ同學ノ士ニ授クト
　　云フ（筆者注：書き下しは筆者）

とある。よって『大清文典』は『文学書官話』（Mandarin Grammar）（以下『文学書官話』と称する）の訓訳本であることが分かる。

（2）『文学書官話』とは

　『文学書官話』の書誌的な事柄や編纂者の情報などについて舒志田（1998）は次のように述べている。

　　【書誌的な事柄】アメリカ人の宣教師高第丕（Crawford. Tarleton P.）と中国登州府人の張儒珍との共著である『文学書官話』は同治八年（一八六九）に出版されたもので、中国語で書かれた最初の中国語口語文法書である。（筆者注：中略）
　　『文学書官話』、一冊、静嘉堂文庫所蔵、金属活字の線装折本、縦 19cm ×横 12.1cm。扉一丁、序文二丁、目次一丁、本文五十三丁。薄黄色表紙、表紙の左上には「文學書官話」とあり、右上には縦 3.5cm×横 1.7cm の「中村敬宇蔵書之記」との蔵書印が押されている。扉の中央には「文學書官話」とあり、その上には「Mandarin Grammar」との英訳名、下には「50 ctsper copy/1869」と、本書の値段及び出版年が示されている。扉の右上と左下には、それぞれ、「同治八年訂」と「登州府／美国高第丕、中国張儒珍／著」と記されている。また、右下には縦 2.5cm×横 0.8cm の「中村本」との蔵書印が押されている。1 ページが 8 行詰めで、1 行が 19 字綴りである。
　　出版者などが明示されていないが、扉の著者名などの印刷に使用されている分割活字から、上海にあった「美華書館」より出版されたと推定できる。
　　【編纂者の情報】張儒珍なる人物については未詳である。高第丕については、MEMORIALS OF PROTESTANT MISSIONARIES TO THE CHINESE などの記述によると、彼はアメリカのバプテスト会（Board of Foreign Missions of the Southern Baptist Convention in the United States）の宣教師で、

同教会から中国に派遣され、一八五二年三月二八日に、妻と一緒に上海に到着した。布教に従事していたが、病気のため、一八五八年八月に帰国した。一八六〇年に再び上海に戻り、間もなく北上し、山東省登州などで伝道し、一八九二年にバプテスト福音伝道会を組織した。後に、泰安に移り、義和団事件のため一九〇〇年に帰国した。一九〇二年四月七日に没した。主な著書として、『讃神詩』（一八五五）、『上海土音字写法』（同）、『佳客問答』（一八五八）などがある。本書は彼が山東登州に居た間に書いたものと思われる。

「中国語で書かれた最初の中国語口語文法書」とあるように、『文学書官話』は中国語で書かれた最初の中国語口語文法書とされている。

また、舒志田（1998）に引用された〔編纂者の情報〕によると、『文学書官話』の編纂者・高第丕はアメリカ人宣教師である。そして「一八六〇年に再び上海に戻り、間もなく北上し、山東省登州などで伝道し、一八九二年にバプテスト福音伝道会を組織した。後に、泰安に移り、義和団事件のため一九〇〇年に帰国した。」とあるように、編纂者の高第丕は山東省登州府で 30 年ほど布教していたのである。

さらに、体裁や内容構成において『大清文典』と『文学書官話』との異同について、舒志田（1998）は次のように述べている。

　　金谷昭訓点の『大清文典』は、『文学書官話』の原文に送り仮名送り点を施したもので、「原序」の後の「例言」と巻末に付した「漢英対訳緊要語」を除くと、内容構成やページ数や行数字数・字のサイズなどは原書と殆ど同じである。

また、実藤恵秀（1943a）・鳥井克之（1981）・舒志田（1998）によると、『大清文典』のほか、大槻文彦『支那文典』も『文学書官話』の和刻本とされている。

本論　中国語カナ表記の音韻学的研究

（3）金谷昭

　校点者の金谷昭について『明治人名辞典』・『日本近現代人名辞典』などの辞書を調べたが、不詳のところが多い。ただし『大清文典』の奥付には次のような記述がある。

　　校點　金谷昭　第四大區十小區牛込矢來町六番地寄留

　上記によると、校点の金谷昭は出版当時、東京都牛込に住んでいること。
　また、国立国会図書館近代デジタルライブラリーにインターネットで公開された資料には金谷昭『銀値調査委員第壹回報告書』（明治 21、1888）というものがある。その奥付には、

　　編纂兼印刷者並發行者　經濟學協會幹事金谷昭　東京牛込區拂方町廿五
　　番地

とある。ここの編纂者「金谷昭」も同じく東京都牛込に住んでいたので、同じ人物であったと考えられる。そして、「經濟學協會幹事金谷昭」から見ると、編纂者の金谷昭は「経済学協会」にかかわる人物であると思われる。

2　『大清文典』の中国語カナ表記

（1）中国語カナ表記

　舒志田（1998）が指摘したように、内容構成において、訓訳本『大清文典』は原書『文学書官話』と殆ど一緒である。『大清文典』の本文は「第一章　論音（母）」・「第二章　論字」・「第三章　論名頭」・「第四章　論替名」・「第五章　論指名」・「第六章　論形容言」・「第七章　論數目言」・「第八章　論分品言」・「第九章　論加重言」・「第十章　論靠托言」・「第十一章　論幫助言」・「第十二章　論隨從言」・「第十三章　論折服言」・「第十四章　論接連言」・「第十五

80

章　論示處言」・「第十六章　論問語言」・「第十七章　論語助言」・「第十八章　論字換類」・「第十九章　總講話様」・「第二十章　論句連讀」・「第二十一章　論話色」からなっている。

　「第一章　論音（母）」と「第二章　論字」には中国語音を表すカタカナがあり、それはいわゆる「中国語カナ表記」である。それらを「漢字─中国語カナ表記」という形式で整理すると、次のようになっている。

【1─オ】「靠カウ」、「套タウ」、「炮パウ」

【1─ウ】「隔クエ」、「克クエ」、「記キイ」、「気キイ」、「得テ」、「特デ」、「宅ヅエ」、「拆ツエ」、「勒レ」、「内ヌイ」、「色スエ」、「十ジ」、「希ヒイ」、「黒ヘ」、「夜エー」、「白べ」、「破ポー」、「墨メ」、「飛フイ」、「位ヲイ」、「跪グイ」、「愧グイ」、「贅ツイ」、「吹チユイ」、「會ウヲイ」、「睡ズユイ」

【2─オ】「阿アー」、「愛アイ」、「Aアー」、「意イー」、「奥アウ」、「厄ヤ」、「漚ヱ゜ウ」、「窩ウヲー」、「物ウエ」、「玉ヨ」、「詩スウ」、「贰ルー」、「衙ヤー」、「夜エー」、「越イユヱ」、「要ヤウ」、「又ユウ」、「若ヂヤ」、「暗アン」、「昂ガアン」、「譲ジヤン」、「厭イエン」、「怨イユエン」、「印イン」、「硬ゲエン」、「恩ヱ゜ン」、「鞍エン」、「甕ウヲン」、「閏ジユイン」、「依イー」、「移イー」、「倚イー」、「意イー」、「鰲ガアウ」、「襖アウ」、「奥アウ」、「冤イユエン」、「園イユエン」、「遠イユエン」、「怨イユエン」

【2─ウ】「該カイ」、「高カウ」、「古クウ」、「幹カン」、「缸カン」、「根ゲ゜ン」、「更ゲ゜ン」、「工コン」、「大ダー」、「代タイ」、「地テイ」、「斗テウ」、「當タン」、「點テ゜エン」、「丁テ゜イン」、「頓トエン」、「東トン」、「站ザン」、「進ツイン」、「中チヨン」、「直ヂ」、「早ツアウ」、「祖ツウ」、「沙サア」、「隨ズイ」、「痩スエウ」、「山スアン」、「喪サン」、「孫スエン」、「害アイ」、「厚エウ」、「汗アン」、「好ハウ」、「恒ヱ゜ン」、「八パ」、「背ポイ」、「布プウ」、「半パン」、「笨べエン」、「法フア」、「飛フイ」、「父ウー」、「房ウワン」、「風フホン」、「瓦ウアー」、「物ウエ」、「萬ウワン」、「四スー」、「字ヅウ」、「歯ツー」、「幾キー」、「界キヤイ」、「句キユイ」、「郡

本論　中国語カナ表記の音韻学的研究

ギユイン」、「𤎵」、「烈レ」、「涼リヤン」、「這チエー」、「兆ヂヤウ」、「開
カイ」、「靠カウ」、「口ケエウ」、「看カン」、「肯ケ゜エン」、「孔コン」、「茶
ザア」、「愁ヂイウ」、「粗ツウ」、「盤バアン」、「平ビン」、「朋ボン」、「怪
クワイ」、「歸クイ」、「快クワイ」、「魁クワイ」、「吹チユイ」、「會ウヲイ」、
「懷ウワイ」、「華ウアイ」、「水シユイ」、「寫スエー」、「月イユエ」

【5－オ】「世スウ」、「不ポ」、「乎ウー」、「乃ナイ」、「中チヨン」、「他タ
ー」、「令リン」、「供コン」、「也イエー」、「助ヅウ」、「冠クワン」、「冷レ
ン」、「分フエン」、「吐ツ゜ウ」、「吉キ」、「弟フエ」、「忘ウワン」、「怕パ
ー」、「得テ」、「枯クウ」、「汗アン」

【5－ウ】「灰ホイ」、「男ナン」、「省セン」、「精ツイン」、「羔カウ」、「蛇
シエー」、「訟ゾン」、「配ポイ」、「騎キー」、「鴨ア」

〔2－オ〕の「Ａ アー」はローマ字を表記している。〔2－ウ〕の「𤎵」には
中国語カナ表記が付いていない。〔2－オ〕の「Ａ アー」と〔2－ウ〕の「𤎵」
を除くと、中国語カナ表記が付いている漢字の異なり語数は 168 例である。

（2）潁川重寛

これら中国語カナ表記について、「例言」は次のように述べている。

唐 - 音及俗 - 語ノ難ヰ解シ者ハ、經ニ重 - 寛潁 - 川 - 君之一 - 讀ヲ、而施
ス音 - 義ヲ焉
唐 - 音ニ有リニ二 - 種、一ヲ曰ヒニ南 - 音トー、一ヲ曰フニ北 - 音トー、今所レ施
ス、一ニ從ヲニ南 - 音ニ
唐音及ビ俗語ノ解シ難キ者ハ、重寛潁川君ノ一讀ヲ經テ、音義ヲ施ス焉。
唐音ニ二種有リ。一ヲ南音トヒ、一ヲ北音トフ。今施ス所ハ、一ニ
南音ニ從ヲ。（筆者注：書き下しは筆者）

上記によると、『大清文典』の中国語カナ表記は潁川重寛によって付けられ

82

たものである。

　序論で述べたように、頴川重寛（1831－1891）は代々長崎唐通事の家系の出身であり、漢語学所の督長兼教導・東京外国語学校（漢語学所の後身）漢語学一等教論である。『唐通事家系論攷』によると、頴川重寛の経歴は以下のように纏められる。

　　頴川保三郎、諱は重寛、号は蓮舫、七代豊十郎の長男である。
　　天保 2 年 10 月 20 日（1831）誕生。
　　弘化 2 年 11 月 20 日（1845）稽古通事無給。
　　嘉永 4 年 6 月 7 日（1851）小通事末席。
　　安政 2 年 11 月 7 日（1855）小通事並。
　　安政 4 年 3 月 2 日（1857）小通事助。
　　安政 4 年（1857）江戸学問所勤め。
　　明治 3 年（1870）外務省三等書記官。
　　しばしば遣清大使に従い通訳の任に当った。
　　のち文部省に入り、外国語学校教論、高等商業学校教授に補せられた。
　　明治 22 年（1889）病のため長崎に帰る。
　　明治 24 年 4 月 21 日（1891）逝去。

　頴川重寛は明治初期中国語教育の中心的な教師なので、頴川重寛の編纂した教科書を考察すれば、明治初期中国語教育の検討に役立つのではないかと思われる。

　したがって、本章は頴川重寛によって付けられた中国語カナ表記を考察対象とする。対象用例は全 168 例である。

（3）特殊な記号

　なお、上記〔1－ウ〕・〔2－オ〕にある漢字の左側に、「⌐」や「╡」などのような特殊記号が付けられている。例えば、〔1－ウ〕の「╡ 得キイ」や〔2

本論　中国語カナ表記の音韻学的研究

－オ〕の「一意イー」などである。これら特殊記号はそもそも『文学書官話』
に使用されたものである。このような特殊記号がどこの方音を示したかにつ
いて、李海英（2013）には

　　記録了晩清登州方言的語音面貌
　　清末登州（現山東省蓬萊市）方言を記録している。（筆者注：日本語訳は
　　筆者）

と述べ、すなわち清末登州方言なのである。これも『文学書官話』の編纂者・
高第丕の経歴と合っている。（舒志田（1998）によると、編纂者の高第丕は山
東省登州府で 30 年ほど布教しており、『文学書官話』は登州に居た間に書い
たものである）。
　また、『中国語言地図集』の「図 B3　官話之三」によると、清末登州（現、
山東省蓬萊市）は官話方言の「膠遼官話」区に属している。

3　『大清文典』の先行研究

　『大清文典』について、『中国語書誌』は次のように述べている。

　　金谷昭訓点、明治一〇年一二月出版、青山清吉発行、線装一冊。『文学書
　　官話』の原文に送りカナ送り点を施したもので、大槻文彦『支那文典』
　　のような解説はない。漢字の中国音と中国語の難解な個所は、旧東京外
　　語の頴川重寛の教示をうけたと、例言で述べている。（筆者注：下線は筆
　　者）
　　以上の二点の『支那文典』と『大清文典』は、中国語教育では使われな
　　かった。なお、関西大学の鳥井克之氏の論文「大槻文彦解『支那文典』
　　について」(昭和五六年)は、大槻本を通して原本の内容を紹介している。

　『大清文典』の中国語カナ表記は頴川重寛の「教示」を受けて付けられた
ものであると指摘している。

84

第 1 章　『大清文典』の中国語カナ表記について

『大清文典』についての先行研究は、『中国語書誌』のほか、石崎又造（1940）・実藤恵秀（1943a）・舒志田（1998）・李海英（2013）などがある。以下、それらの先行研究を検討する。

（1）石崎又造（1940）

石崎又造（1940）は『大清文典』の書誌的な情報を「附録二　近世俗語俗文學書目年表」の「明治時代」の項目に次のように掲載している。

大清文典　一冊　金谷昭訓點　東京　明治十年十二月刊　同前文學書官話ニ附訓セシモノ

（2）実藤恵秀（1943a）

実藤恵秀（1943a）は『支那文典』と『大清文典』との比較を書誌学的に研究し、記録された音系について次のように述べている。

發音は金谷は潁川重寬の指導をうけて、南方音によつたといひ、大槻は北方官話によつたといつてゐます、その例をあげてみますと、（筆者注：下線は筆者）
【金谷】色スエ　　十ジ　　希ヒイ　　黒へ　　夜エー
【大槻】色シ　　　十シ　　希ヒ　　　黒へ　　夜イエ

『大清文典』の中国語カナ表記は潁川重寬の「指導」を受けて「南方音」に即して付けられたものであると指摘している。

（3）舒志田（1998）

舒志田（1998）は『支那文典』と『大清文典』を例として挙げながら、『文学書官話』の成立、及び日本への流布を検討している。『大清文典』の中国語

85

本論　中国語カナ表記の音韻学的研究

カナ表記について舒志田（1998）は次のように述べている。

　　但し、中国語の発音は金谷は頴川重寛の指導を受けて南方音に従ってい
　　るのに対して、大槻は文部省に仕えていることもあって、北方官話に拠
　　っている。

　『大清文典』の中国語カナ表記は頴川重寛の「指導」を受けて「南方音」
に即して付けられたものであると指摘している。

　以上のように、『大清文典』についての先行研究を検討した。先行研究の実
藤恵秀（1943a）と舒志田（1998）は、『大清文典』の中国語カナ表記は「南
方音」に即して付けられたものであると指摘している。しかし、残念ながら
「南方音」が具体的に何の方音であるかについて言及していない。
　そこで、本章では以上の先行研究に留意したうえで、『大清文典』における
頴川重寛によって付けられた中国語カナ表記を検討していきたい。

第 2 節　近世訳官系唐音資料の種類

　『大清文典』の中国語カナ表記は頴川重寛によって付けられたものである。
頴川重寛は前述のように、代々長崎唐通事の家系の出身である。
　江戸中期の岡島冠山を筆頭とする近世訳官系唐音資料は、長崎唐通事の中
国語音の実態を反映している。『唐話辞書類集』（全 20 集）は近世訳官系唐音
資料を収録している。近世訳官系唐音資料の性格や重層性などについては、
有坂秀世（1938）・高松政雄（1985）・湯沢質幸（1987）・岡島昭浩（1992）等
の先行研究が詳しく論述している。
　本節では、先行研究の指摘により当時の文献資料に即して、日本に伝わっ
た中国語の種類を概観していきたい。

第1章 『大清文典』の中国語カナ表記について

1 近世日本に伝わった中国語の種類

（1）ケンペル『日本誌』

　元禄3年（1690）から元禄5年（1692）まで日本に滞在したドイツ人医師のケンペルは、見聞録『日本誌』「日本人種起源」で当時の日本に伝わった中国語の種類を記している。

　本書で取り扱った『日本誌』は『異国叢書　ケンプエル江戸参府紀行』（第6巻）による。ケンペルの経歴については、『異国叢書　ケンプエル江戸参府紀行』（第6巻）の「ケンプエル小伝」によった。

　ケンペル見聞録『日本誌』の「日本人種起源」は、当時の日本に伝わった中国語の種類について次のように述べている。

　　日本人の隣なる民族は支那人にして、その海邊なる地方に住居し、船舶を以て日本に往來するものあり。彼にはその三大要地によりて南京語Nankin・漳州語 Tsjaktsju・福州語 Foktsju ありて。此三様の言語について日本人は、支那がその品物とともに日本人へ傳へたるその名稱の他は一語をも解せず。（筆者注：下線は筆者）

　「南京語」・「漳州語」・「福州語」が挙げられている。

（2）西川如見『増補華夷通商考』

　西川如見『増補華夷通商考』（宝永5年、1708）は江戸中期の地理書である。中国・朝鮮・シャム・オランダなど計35ヶ国の地誌を記述している。本書で取り扱った『増補華夷通商考』は『西川如見遺書』（第4編）による。

　西川如見『増補華夷通商考』の「作例」には次のような記述がある。

　　土産ノ文字唐人所レ用日本ノ俗ニ疎キ物ハ本朝通用ノ文字ヲ書シテ俗ニ便リス或土産又ハ國名唐韻盡クハ不レ附偶本朝ニ於テ唱來ル者ハ唐-韻

87

本論　中国語カナ表記の音韻学的研究

ヲ附ク況ヤ唐韻ニハ南京福州漳州等ノ不 - 同有テ普クハ通シ難シ況ヤ日
本ニ於テ俗用ニ疎シ故ニ和韻和訓ヲ要トス（筆者注：下線は筆者）

「南京」・「福州」・「漳州」などが挙げられている。

（3）新井白石『東音譜』

　新井白石『東音譜』（享保 4 年、1719）は、長崎唐通事が日本語の五十音を
4 種の中国語方音を以て音訳したものである。本書で取り扱った『東音譜』
は『新井白石全集』（第 4 巻）による。
　新井白石『東音譜』の「五十音字音釈」の割注には次のような記述がある。

　　東音即此間方言今所用字皆取舊事本紀古事記日本書紀等所用而與本音相
　　近者杭泉漳福各州音並係長崎港市舶務都通事所填者
　　東音ハ即チ此間ノ方言ナリ。今、用フル所ノ字ハ皆、『舊事本紀』・『古事
　　記』・『日本書紀』等ヨリ取リテ用ル所ニシテ、本音ト相ヒ近キ者ハ、杭・
　　泉・漳・福ノ各州ノ音、並ビニ長崎港市舶務都通事ニ係リ填フ所者ナリ。
　　（筆者注：下線・日本語訳は筆者）

「杭州」・「泉州」・「漳州」・「福州」などが挙げられている。

（4）朝岡春睡『四書唐音弁』

　朝岡春睡『四書唐音弁』（享保 7 年、1722）は、四書である『大学』『中庸』
『論語』『孟子』から単字を抽出し、中国語音を注音した字音書である。本書
で取り扱った『四書唐音弁』は関西大学図書館蔵本による。関西大学図書館
蔵本は天明 3 年（1783）の版本である。
　朝岡春睡『四書唐音弁』の本文の「1－オ」には

　　右 - 註爲 _ 南 - 京 - 音 ᷂ _ 左 - 註爲 _ 浙江 - 音 ᷂ _ 又有 _ 訓 - 異 ニシテ 音 - 異 ナ

ル者_。

右註ヲ南京音ト爲ス。左註ヲ浙江音ト爲ス。又訓異ニシテ音異ナル者ガ有リ。（筆者注：書き下しは筆者）

とあるように、「南京音」と「浙江音」が挙げられている。

（5）篠崎東海『朝野雑記』

篠崎東海『朝野雑記』（享保7年、1722）に「唐通事唐話会」の項がある。本書で取り扱った『朝野雑記』は国立国会図書館マイクロフィルムの紙焼き写真による。

篠崎東海『朝野雑記』「唐通事唐話会」は享保元年（1716）11月22日「福州話」・「漳州話」・「南京話」による長崎唐通事の唐話稽古会である。唐話稽古会の名付けに、「福州話」・「漳州話」・「南京話」が挙げられている。

（6）岡島冠山『唐音雅俗語類』・『唐訳便覧』

岡島冠山『唐音雅俗語類』（享保11年、1726）と『唐訳便覧』（享保11年、1726）は、江戸時代に流行した唐話教科書である。本書で取り扱った『唐音雅俗語類』は『唐話辞書類集』（第6集）による。『唐訳便覧』は『唐話辞書類集』（第7集）による。

『唐音雅俗語類』巻1の「1－オ」と『唐訳便覧』巻1の「1－オ」には、次のような記述がある。

『唐音雅俗語類』

毎トニレ字註シニ官-音ヲ一並點スニ四-聲ヲ一

字毎ニ官音ヲ註シ、並テ四声ヲ點ズ。（筆者注：書き下しは筆者）

『唐訳便覧』

毎レ字註ニ官-音ヲ一並點スニ四聲ヲ一

字毎ニ官音ヲ註シ、並テ四声ヲ點ズ。（筆者注：書き下しは筆者）

「字毎ニ官音ヲ註シ」とあるように、「官音」が挙げられている。

（7）文雄『三音正讎』

　文雄『三音正讎』（宝暦 2 年、1752）は『韻鏡』の転に則して「呉音」・「漢音」・「唐音」の正否を論じた漢字音についての研究書である。本書で取り扱った『三音正讎』は国立国会図書館マイクロフィルムの紙焼き写真による。
　文雄『三音正讎』は「音韻総論」の項で当時の中国語を以下のように述べている。

華音ハ者俗ノ所謂ル唐音也其音多 - 品今長崎舌人家ニ所レ學フ有リニ官 - 話
杭 - 州福 - 州漳 - 州不ルレ同シカラ（ハン　チウホクー チウチヤグー チウ）
華音ハ俗ノ所謂ル唐音ナリ。其音、多品ナリ。今長崎ノ舌人家ニ學ブ所、官話・杭州・福州・漳州ノ同ジカラザルアリ。（筆者注：書き下しは筆者）

「官話」・「杭州」・「福州」・「漳州」が挙げられている。

（8）作者不詳『亀幼略記』

　『亀幼略記』は唐船輸入のこまごました貨物を二十一類に大別し、右に南京音、左に福州音、下に訳語を注したものである。本書で取り扱った『亀幼略記』は『唐話辞書類集』（第 16 集）による。『唐話辞書類集』に収録された『亀幼略記』は明和頃の写本とされる。
　『亀幼略記』の最初には「右ハ南京音　左ハ福州音」とあるように、「南京音」と「福州音」が挙げられている。

（9）藤原直養伝・冨森一斎著『韻鏡藤氏伝』

　藤原直養伝・冨森一斎著『韻鏡藤氏伝』（安永 5 年、1776）は、『韻鏡』の枠組みに基づいた江戸時代の韻学書である。本書で取り扱った『韻鏡藤氏伝』は岡山大学附属図書館蔵本による。

藤原直養伝・冨森一斎著『韻鏡藤氏伝』の「三十六母助紐総括」には

> 註^{スル}ニ國字ヲ者二 - 段上ハ是倭ノ漢 - 音ニ用レ之下ハ是華ノ官 - 話ニ用レ之若
> ハニ夫倭ノ呉 - 音並ニ杭 - 州福 - 州ノ音ハ則註ニ國 - 字ヲ更ニ別也學者宜クレ
> 詳レ之
> 國字ヲ註スルハ、二段上ハ是レ倭ノ漢音ニ之ヲ用ヒ、下ハ是レ華ノ官話
> ニ之ヲ用フ。夫レ倭ノ呉音、並ニ杭州・福州ノ音ノ如キハ則チ國字ヲ註
> シ、更ニ別ツナリ。學者ハ宜ク之ヲ詳スベシ。(筆者注：書き下しは筆者)

とある。「官話」・「杭州」・「福州」などが挙げられている。

（10）湯浅常山『文会雑記』

　湯浅常山『文会雑記』（天明 2 年、1782）は荻生徂徠・太宰春台などの蘐園学派の言行を纏めたものである。本書で取り扱った『文会雑記』は『日本随筆大成』（第 1 期第 14 巻）による。
　湯浅常山『文会雑記』には

> 伊藤快鳳ガ唐音ヲ自分ニハ官音ト云ヘドモ、声ハ時々違フヨシ、サレド
> モ俗語ハ随分ヨク覚タリ、ト春台云ヘリ。官音ニテナキワケハ、商人口
> ニ通ズルハ、結句官音ハリツパ過ルユヘアシヽトナリ。

とあるように、「官音」が挙げられている。

（11）江村北海『授業編』

　江村北海『授業編』（天明 3 年、1783）は漢学の入門書である。本書で取り扱った『授業編』は『少年必読日本文庫』（第 3 編）による。
　江村北海『授業編』の巻 3「唐音」の項には次のような記述がある。

今人多ク華音ト稱ス同シ事ナリ<u>唐音ニ南京福州等ノ異アリ</u>南京音ヲヨシトス其外ニモ諸省ノ音少々ノ 違 アレドモ此方ヨリイヘバスベテ唐音ナリ（筆者注：下線は筆者）

「南京」と「福州」が挙げられている。

（12）本居宣長『漢字三音考』

本居宣長『漢字三音考』（天明 5 年、1785）は「呉音」・「漢音」・「唐音」を論じた漢字音についての研究書である。本章で取り扱った『漢字三音考』は『本居宣長全集』（第 5 巻）による。

本居宣長『漢字三音考』「今ノ唐音ノ事」の項には次のような記述がある。

サテ今ノ音。諸州各少シヅヽノ異アレドモ。大ニ異ナル事ハナキ中ニ。<u>南京杭州ナドノ音ヲ以テ正シトスル也。</u>（筆者注：下線は筆者）

「南京」・「杭州」が挙げられている。

以上のように、江戸時代に日本に伝わった中国語は種類が多い。列挙すると、南京」・「官話」・「杭州」・「浙江」・「福州」・「漳州」・「泉州」などである。

2 近世唐音資料についての先行研究

前節では、江戸時代の資料を踏まえて近世日本に伝わった中国語の種類を概観した。具体的に方音差を示した資料、いわゆる近世唐音資料については、先行研究の有坂秀世（1938）・高松政雄（1985）・湯沢質幸（1987）・岡島昭浩（1992）等が詳しく論述している。以下、先行研究について検討してみる。

（1）有坂秀世（1938）

有坂秀世（1938）は江戸時代に将来された唐音資料を 3 種類に大きく分け、

第 1 章　『大清文典』の中国語カナ表記について

「黄檗唐音」・「心越系唐音」・「訳官系唐音」と称する。「訳官系唐音」については、さらに「杭州語」資料と「南京官話」資料に大きく分けており、「杭州語」資料について次のように述べている。

　　浙江特に杭州の地は、歴史的にも由緒あり、早くから開化した地方で、戯曲その他の俗語文藝も此の地を中心として榮えたことであつたから、杭州語は、俗話とは言ひながら、他の福州・泉州・漳州等の諸方言とは違つて、獨特の品位を具へてゐた。故に、新井白石は東音譜に於て支那諸方言を列擧するに杭・泉・漳・福と言ひ、文雄は三音正譌に於て官話・杭州・福州・漳州と次第してゐる。當時我が國に於て杭州語が如何に重んぜられてゐたかを知るべきである。心越所傳の唐音や四書唐音辨の浙江音もこれである。その他、唐音和解・唐話纂要・唐音孝經・唐詩選唐音・南山俗語考等の音は、いづれも之に屬する。その言語は官話に類似してゐるが、古の濁音をよく保存してゐる點を顯著な特色とする。これ文雄の大いに推賞する所であつて、磨光韻鏡の所謂華音は、この杭州音を韻書に合せて多少變形し理想化したものに他ならない。杭州語は、現代に於ても、なほ濁音をよく保存して居り、且、音に於ても基礎的語彙に於ても、呉方言中最も官話に近いものである。(筆者注：下線は筆者)

　「古の濁音をよく保存してゐる點」とあるように、「杭州語」資料は中古全濁声母を体系的に保存している。そして、『唐音和解』・『唐話纂要』・『唐音孝經』・『唐詩選唐音』・『南山俗語考』を「杭州語」資料として挙げている。
　また「南京官話」資料について、以下のように述べている。

　　併しながら、唐通事の通譯事務は極めて廣範圍に亘るのであるから、單に商用語たる俗話に習熟した者のみでは事足らない。同時に、公用語たる官話に通ずる者をも必要としてゐた。故に、勿論官話の研究も盛に行はれたのである。右の三音正譌の文中にも、その事實は明記されてゐる。

93

岡島冠山が官話と俗話との双方に通じてゐたことは、専ら彼に華音を學んだ朝岡春睡が四書唐音辨に南京音と浙江音とを相對照らして載せてゐることから見ても明かである。當時長崎と直接交通の行はれてゐたのは主として中支南支方面であつたから、唐通事たちによって學習された官話が、「四聲を立て唯全濁を更めて清音と爲る」南京官話であつたことは言ふまでもない。（「唯平上去唯清音」なる北京官話の研究は、江戸時代には未だ盛でなかつた。）儒者の間の華音尊重思想が、正音を尚ぶ立場から、俗話よりも官話を重んじたことは當然である。その影響を受けてか、唐話纂要に於て俗話を採用した冠山も、唐譯便覧・唐音雅俗語類・唐語便用等になると、いつしか官話に転向してしまつた。（筆者注：下線は筆者）

「四声を立て唯全濁を更めて清音と為る」とあるように「南京官話」資料は全濁声母を清音化している。そして、『唐訳便覧』・『唐音雅俗語類』・『唐語便用』などを「杭州語」資料として挙げている。

（2）高松政雄（1985）

高松政雄（1985）は、主に『四書唐音弁』を考察対象とし、そこに記された「南京音」と「浙江音」の異同を声母・韻母ごとに検討している。高松政雄（1985）の論点を纏めると、次のとおりである。

（1）声母
①匣母

「南京音」は大抵ハ行音となるが、「浙江音」はアヤワ行である。

②全濁声母（奉母・匣母を除く）

「南京音」は清音カナ、「浙江音」は濁音カナである。

（2）韻母
①止摂開口（舌・歯音に限られる）

「南京音」は韻尾が精系にて「―ウ」、知照系にて「―イ」と二途を採る
のに対して、「浙江音」はその別がなく、両方とも「―ウ」となる。
②入声韻薬韻
「南京音」は「―ヨツ」、「浙江音」は「―ヤツ」である。

(3) 湯沢質幸（1987）

湯沢質幸（1987）『唐音の研究』は「第一部　序説」において、唐音の依拠
した中国語音を以下のように述べている。

唐音のよった中国語音がいかなる方音なのかということは、以前から先
学によってしばしば論じられているので、細部についてはその参照にゆ
だねることとし、ここでは、次の二点を指摘しておくにとどめたい。（ⅰ）
中世唐音の場合江南浙江省の方音（が主体）と考えられる。<u>（ⅱ）近世唐
音の場合、主に抗州音、南京官話であるがその他南方各地の音、時には
北方音のこともある。</u>（筆者注：下線は筆者）

湯沢質幸（1987）は「近世唐音の場合、主に抗州音、南京官話であるがそ
の他南方各地の音、時には北方音のこともある」とあるように、大きく「杭
州音」と「南京官話」の2種類に分けている。

(4) 岡島昭浩（1992）

岡島昭浩（1992）は近世唐音資料の種類について次のように述べている。

近世唐音についても齟齬があることは同様であるが、近世唐音といって
も清濁の有り方は一様ではない。『三音正譌』にも記され、有坂秀世も指
摘するように、大きく分けて、濁音を持つ杭州音（浙江音・俗音）と、
濁音が清音となる官話（南京音）になる。いわば、濁声母を持たぬ官話

が漢音の様な存在で、濁声母を持つ杭州音が呉音の様な存在であると言えよう（以下、「清濁の区別がある・ない」という場合は、中国原音に於て、「濁声母が清声母に合流してしまっていない・いる」ということを意味する）。ただ、漢音に於ては次濁音の非鼻音化により、泥母明母がダ行バ行で表われることが有るが、近世唐音の官音にはそれが無い。つまり、近世唐音の官音で、濁音として書き表されることになるのは、非鼻音で定着した日母と、日本語が対応する鼻音を持たぬ為に呉音に於てもガ行で写されていた疑母だけ、というのが原則である。一方、杭州音は、奉母匣母がアヤワ行で表われるのを除く全濁声母が濁音で表記され、他に呉音とは違って日母がザ行で写されるのが原則である。つまり濁点の付されていない資料でも、匣母奉母がアヤワ行音で表わされていれば杭州音系の資料とみなすことが出来るわけである。

　岡島昭浩（1992）は文雄『三音正譌』や有坂秀世（1938）の指摘に基づき、同じく近世唐音資料を 2 種類に大きく分けている。そして、「官話（南京音）」系資料の特徴について、次濁声母の日母と疑母を除き、声母は原則として清音カナで写されると指摘している。また「杭州音（浙江音・俗音）」系資料の特徴について、原則として全濁声母の奉母・匣母はアヤワ行、その他全濁声母は濁音カナで写されることも指摘している。
　「官話（南京音）」系資料」と「杭州音（浙江音・俗音）」系資料の構成を以下のように提示している。

　　有坂氏も、杭州音の資料と、官音の資料を分けて示しておられるが、今、
　　有坂氏の示したものに加えて、近世唐音資料を分類してみると次の様に
　　なろう。
　《清濁の区別ある資料（俗語～浙江音系）》
　　心越所傳の唐音・四書唐音辨の浙江音・唐音和解・唐話纂要・唐詩選唐
　　音・南山俗語考・忠義水滸傳解・遊焉社常談・佛遺教經・兩國譯通・麿

第1章 『大清文典』の中国語カナ表記について

光韻鏡、三音正譌の杭州音・正字類音集覧・魏氏楽譜・華學圏套・静嘉
堂文庫本日本館譯語に付された唐音・八儨卓燕式記・唐人問書・唐話為
文箋・崎港聞見録・俗語解

《清濁の区別のない資料（官話系）》

唐譯便覧・唐音雅俗語類・唐語便用・唐音學庸・唐音三體詩譯讀・新鐫
詩牌譜・四書唐音辨の南京音・多くの黄檗宗資料・麿光韻鏡、三音正譌
の官音・關帝眞經・唐音世語・麁幼略記の南京音

　以上のように、有坂秀世（1938）・高松政雄（1985）・湯沢質幸（1987）・岡
島昭浩（1992）の指摘によると、近世訳官系唐音資料は南京官話系資料と杭
州音系資料の2種類に大きく分けられる。

3 『朝野雑記』「唐通事唐話会」と『麁幼略記』

(1)『朝野雑記』「唐通事唐話会」

　本節の「1 近世日本に伝わった中国語の種類」で述べたように、篠崎東海
『朝野雑記』「唐通事唐話会」は享保元年（1716）11月22日「福州話」・「漳
州話」・「南京話」による長崎唐通事の唐話稽古会である。

　「唐通事唐話会」は一問一答の形であり、「福州話」・「漳州話」による唐話
稽古会を1例挙げると次のとおりである。（本書で取り扱った篠崎東海『朝野
雑記』「唐通事唐話会」は国立国会図書館マイクロフィルムの紙焼き写真によ
る）

【福州話】

　　　　スエンザンホンモウスウンリイ　　ションキョウラウ ム ユウ
問　先 生 紅毛 船 裏。上 去 了没有。　河間幸太郎
　　チンライモイツエンシヨンキヨウカン
答　従来未 曽 上 去 看。　　　　　　彭城八右衛門

【漳州話】

　　チイヌンジエルトツエヌクワチエン　レントントンラブホクム　ウ ニイキイ ゲ チン　ムンヘウエムシエルキイ
問　只 二 日 大下寒 冷 。令堂都納福否。有年紀个人。問候飲 食 起居。

97

本論　中国語カナ表記の音韻学的研究

　　　　　ルウテウハウソン　ヘ
　　　尓著孝順分。呉藤次郎　　　　（筆者注：「居」のルビは「キ‥ウ」であ
　　　る）
　　　　トワシヤウチイ シチムギヤン　ヘウエントヲツズウ　　キイコウム ハウリン　フ ベウツアイポルワンイウ　イウ
　答　多 謝 只是金言。母恩 大 如天。豈可不孝順。父母 在 不遠遊。遊
　　　　ヘエルイウホン　クワ ヤ キイテエル　　ツ ヌンクウエンウイハンエルツヲルムンジエンソウアンカアヘウスエ
　　　必 有方。我也記 得 。此二句因為罕得 出 門 然 数共家母説。　陽
　　　市郎兵衛　　　　（筆者注：「天」のルビは「テ．イ」である）

　上記、カタカナは「福州話」・「漳州話」を表記している。

（2）『麁幼略記』

　本節の「1 近世日本に伝わった中国語の種類」で述べたように、『麁幼略記』
は唐船輸入のこまごました貨物を二十一類に大別し、右に南京音、左に福州
音、下に訳語を注したものである。本書で取り扱った『麁幼略記』は『唐話
辞書類集』（第 16 集）による。『麁幼略記』について、『唐話辞書類集』（第
16 集）「解題」は次のように述べている。

　　　他書とは少し毛色の變つたもの。唐船輸入のこまごました貨物を二十一
　　　類に大別し、右に南京音、左に福州音、下に譯語を注したもの。四分の
　　　三は織物に關する語。福州音を加へたことは珍しい。
　　　底本は昨年、一枚約千兩の重價を以て購入した明和頃の寫本に、以下の
　　　諸本による校語を加へたもの。
　　　管見によると、傳本は少なく、陽明文庫に豫樂院近衞家熙手鈔本、名古
　　　屋市立鶴舞圖書館に河村秀頴舊藏本、同蓬左文庫に小寺玉晁手寫本があ
　　　る。今、三本と底本とを對校してみると、小寺本は、河村本に末葉の前
　　　の一葉分を脱したのをそのまゝ傳寫してゐる、今、玉晁の「續學舎叢書」
　　　の第二十三冊の中に入つてゐるもの。そして、河村本は、目録は全部あ
　　　るが、織物關係以外の末の五類を全く缺いてゐる。傳寫者に必要がなか
　　　つた爲であらう。（筆者注：中略）
　　　今、底本を他本で校合するに當り、明白な誤脱（一語脱）は、墨筆で補

98

第1章 『大清文典』の中国語カナ表記について

　訂した。両本の文字を旁注するとき、字面が複雑となることを恐れ、豫楽院本は「予」と略注し、河村本は、鶴舞本・河村本と明記したところもあるが、多くは、畫数の少い「名（名古屋の略）」一字を以てした。又、半濁音と濁音との差を「パ（バ）」としたところもある。この「パ」は豫楽院本、「バ」は河村本である。

　『唐話辞書類集』に収録された『僊幼略記』は、明和頃の写本を底本にして、他の3本と対校したものである。他の3本との差は底本のそばに書かれている。
　底本としての明和頃の写本を利用して、記された「福州音」は次のようになっている。

テウ　　トウイフアテウ　トウイテウ　　ニイテヨン　テヨンテウ　テヨンフアテウ　　テヨンテウ　　キインツヲン
紬　　大花紬　　大紬　　二重　　重紬　　中花紬　　中紬　　京荘

シヤウフアテウ　シヤウテウ　パンシイ　　サアンクヲン　キインテウ　テウキヤア　ボクテウ　バアテウ　ソウテウ
小花紬　　小紬　　紡絲　　雙裙　　軽紬　　紬仔　　北紬　白紬　素紬

トワイソウテウ　ウヲンテウ　ロウテウ　テヤウテウ
大素紬　　温紬　　潞紬　　潮紬

　上記、カタカナは「福州音」を表記している。

　以上、篠崎東海『朝野雑記』「唐通事唐話会」と『僊幼略記』を検討した。「唐通事唐話会」はカナ表記で具体的に「福州音」と「漳州音」を記している。『僊幼略記』はカナ表記で具体的に「福州音」を記している。

4 まとめ

　ケンペル『日本誌』・西川如見『増補華夷通商考』・新井白石『東音譜』・朝岡春睡『四書唐音弁』などの記述によると、近世日本に伝わった中国語は種類が多く、「南京」・「官話」・「杭州」・「浙江」・「福州」・「漳州」・「泉州」などの別がある。
　また、具体的に方音差を示した資料、いわゆる近世唐音資料について、有

坂秀世（1938）・高松政雄（1985）・湯沢質幸（1987）・岡島昭浩（1992）など
が詳しく論述している。先行研究の指摘によると、近世訳官系唐音資料は南
京官話系資料と杭州音系資料の2種類に大きく分けられる。

　なお、篠崎東海『朝野雑記』「長崎通事唐話会」はカナ表記で具体的に「福
州話」・「漳州話」を記している。『𠉂幼略記』はカナ表記で具体的に「福州音」
を記している。

　したがって、上述のように近世訳官系唐音資料は南京官話系資料・杭州音
系資料・福州音系資料・漳州音系資料の4種類が挙げられるのではないかと
考えられる。

第3節　『大清文典』と近世訳官系唐音資料との比較

　長崎唐通事の中国語を反映する資料はいわゆる近世訳官系唐音資料である。
近世訳官系唐音資料は南京官話系資料・杭州音系資料・福州音系資料・漳州
音系資料の4種類が挙げられる。4種類の唐音資料はいずれも「南音」であ
り、『大清文典』「例言」の「今施ス所、一ニ南-音ニ従ヲ」と一致している。
そこで、頴川重寛によって付けられた『大清文典』の中国語カナ表記は4種
類のどれに一致するか、一文字ずつ比較していきたい。

1　対照資料の選択

　本書では調査資料の選択について、先行研究の有坂秀世（1938）や岡島昭
浩（1992）の指摘などにより、系統ごとに次（Ⅰ）～（Ⅳ）とする。

（Ⅰ）杭州音系：

①『唐話纂要』（増補本）（『唐話辞書類集』（第6集）による）

　岡島冠山著、享保元年（1716）初刊、享保3年（1718）増補本刊、6巻。
『唐話辞書類集』（第6集）「解題」によると、『唐話纂要』は当時最も流行
した唐話の教科書である。

② 『南山俗語考』（早稲田大学古典籍総合データベースによる）

　岩本真理（1989）は『南山俗語考』について次のように説明している。

　　　薩摩藩第二十五代藩主, 島津重豪の命により編纂された中国語辞書『南
　　山俗語考』は明和四年（1767）の着手以来, 五十年近い歳月を費した
　　後, 文化九年（1812）に上梓されたものとされている。全五巻からな
　　り, 付録「長短雑話」をそなえた版本もあるが, 最後巻巻末には,「和
　　譯臣曽槃校　華音臣石塚崔高校」と明記されている。

③ 『忠義水滸伝解』（『唐話辞書類集』（第3集）による）

　陶山冕著、宝暦7年（1757）刊。『唐話辞書類集』（第3集）「解題」によ
ると、『忠義水滸伝解』は『忠義水滸伝』（120回本）の語釈である。

④ 『四書唐音弁』の「浙江音」（関西大学図書館蔵本）

　朝岡春睡著、享保7年（1722）刊行。関西大学図書館の蔵本は天明8年
（1783）の刻本である。上巻の本文の「1－オ」には

　　　右 - 註爲二南 - 京 - 音ト一左 - 註爲二浙江 - 音ト一又有二訓 - 異ニシテ音 -
　　異ナル者一。
　　右註ヲ南京音ト爲ス。左註ヲ浙江音ト爲ス。又訓異ニシテ音異ナル者
　　ガ有リ。（筆者注：書き下しは筆者）

とあり、「南京音」と「浙江音」が記されている。また、『四書唐音弁』に
は岡島冠山の序文がある。岡島冠山の序文によると、著者の朝岡春睡は岡島
冠山に唐音を教わっている。

（Ⅱ）南京官話系：

① 『唐音雅俗語類』（『唐話辞書類集』（第6集）による）

本論　中国語カナ表記の音韻学的研究

　　岡島冠山著、享保 11 年（1726）刊、5 巻。巻 1 の「1－オ」に

　　　　毎^{トニ}レ字註^シニ官‐音^ヲニ並點^スニ四‐聲^ヲニ
　　　　字毎ニ官音ヲ註シ、並テ四声ヲ點ズ。（筆者注：書き下しは筆者）

とあり、「官音」を記している。

②『唐語（話）便用』（『唐話辞書類集』（第 7 集）による）
　　岡島冠山著、享保 20 年（1735）刊、6 巻。題簽・版心・序文・首及び第
3 巻頭の書名は「唐語便用」であるが、第 1・2・4・5・6 巻頭の書名は「唐
話便用」である。

③『唐訳便覧』（『唐話辞書類集』（第 7 集）による）
　　岡島冠山著、享保 11 年（1726）刊本、5 巻。巻 1 の「1－オ」に

　　　　毎レ字註ニ官‐音^ヲニ並點^スニ四聲^ヲニ
　　　　字毎ニ官音ヲ註シ、並テ四声ヲ點ズ。（筆者注：書き下しは筆者）

とあり、「官音」を記している。

④『四書唐音弁』の「南京音」（関西大学図書館蔵本による）
　　同上（Ⅰ）―④

（Ⅲ）福州音系：

①『麁幼略記』の「福州音」（『唐話辞書類集』（第 16 集）による）
　　著者不詳、明和頃（1764－1772）の写本。本文の最初に「右ハ南京音　左
ハ福州音」とあるように、「福州音」を記している。『唐話辞書類集』に収
録されたものは、長沢規鉅也蔵の明和頃の写本を底本にして、他の 3 本と

対校したものである。他の 3 本との差は底本のそばに書かれている。本章では底本だけを取り扱っている。

②篠崎東海『朝野雑記』「長崎通事唐話会」の「福州音」（国立国会図書館マイクロフィルムの紙焼き写真による）

享保元年（1716）11 月 22 日に「福州話」・「漳州話」・「南京話」による長崎唐通事の唐話稽古会の記録である。篠崎東海『朝野雑記』（享保 7 年、1722）に収録されている。

（Ⅳ）漳州音系：

①篠崎東海『朝野雑記』「長崎通事唐話会」の「漳州音」（国立国会図書館マイクロフィルムの紙焼き写真による）

同上（Ⅲ）―②

2 分紐分韻表

（ⅰ）〔表 4〕分紐分韻表は『大清文典』全 168 例を中古音系の枠組みに投影し、4 種類 11 冊の唐音資料と比較するものである。比較する際に、できるだけ同じ文字を用例として取るが、同じ文字のない場合には同小韻、同音他字（声調を無視する同小韻）を利用した。

（ⅱ）中古音系の分類は『方言調査字表』（修訂本）による。『方言調査字表』（修訂本）に収録されない文字は『広韻校本』（附校勘記）を以て補う。「同小韻」・「同音他字」の判断も『方言調査字表』（修訂本）と『広韻校本』（附校勘記）による。中古音の音価は王力（1980）に基づく。

（ⅲ）縦軸に「摂―韻母―声母」の順で用例を並べている。「摂」は「果」・「仮」・「遇」・「蟹」・「止」・「効」・「流」・「咸」・「深」・「山」・「臻」・「宕」・「江」・「曽」・「梗」・「通」の順である。平声韻目名で平上去各声に相配する韻を一

括して表している。例えば、「大」は「箇韻」(去声)であるが、相配する「歌韻」(平声)で表している。声母は 36 類に分け、それぞれ「幇(非)」・「滂(敷)」・「並(奉)」・「明(微)」、「端」・「透」・「定」・「泥(娘)」・「来」、「精」・「清」・「従」・「心」・「邪」、「知」・「徹」・「澄」、「照荘」・「穿初」・「牀崇」・「審生」、「照章」・「穿昌」・「牀船」・「審書」・「禅」、「日」、「見」・「溪」・「群」・「疑」、「暁」・「匣」、「影」・「喩雲」・「喩以」である。

(ⅳ)「這」・「鰲」・「弗」・「鞥」・「厄」の 5 つの文字は『方言調査字表』(修訂本)に収録されていないので、『広韻校本』(附校勘記)を以て補う。「鰲」を例として説明する。『広韻校本』(附校勘記)によると、「鰲」は「敖」・「遨」・「翱」・「聱」・「驚」・「熬」などの字と「同小韻」同士である。『方言調査字表』(修訂本)によると、「熬」は効摂豪韻開口 1 等疑母字なので、「鰲」も同じ所属であると推定した。同じ方法で、「鞥」は咸摂覃韻開口 1 等影母字、「這」は山摂仙韻開口 3 等疑母字、「弗」は臻摂物韻合口 3 等奉母字、「厄」は梗摂麦韻開 2 等影母字であると推定した。

(ⅴ)横軸に「杭州音系―南京官話系―福州音系―漳州音系」の順で唐音資料を並べている。唐音資料名の記入は略称である。例えば、杭州音系資料の「纂要」は『唐話纂要』、「南山」は『南山俗語考』、「忠義」は『忠義水滸伝解』、「四書(浙)」は『四書唐音弁』の「浙江音」を指している。

(ⅵ)「同じ文字―同小韻―同音他字」の順で、4 種類 11 冊の近世訳官系唐音資料から当てはまる用例を調べる。例えば、果摂戈韻合口 1 等影母字「5窩」は杭州音系資料の『南山俗語考』、南京官話系資料の『唐音雅俗語類』・『唐訳便覧』、福州音系資料の『魑幼略記』の「福州音」から同じ文字を用例として採った。しかし、『唐話纂要』から同じ文字を見つけられなかったので、同小韻「萵」を用例として利用した。『忠義水滸伝解』・『四書唐音弁』の「浙江音」などの資料からは、当てはまる用例がなかったので空欄のままにしてお

第 1 章　『大清文典』の中国語カナ表記について

いた。

（vii）カナ表記に付けられた「割る記号」の「o」を省略した。例えば、『唐話纂要』の「高」のカナ表記は「カ o ウ」であるが、「カウ」と記入した。

（viii）『南山俗語考』において、カナ表記の右側に傍線が付いている。例を挙げると、次のようである。

　　園イエン　　睡ジユイ（筆者注：本稿は横書きなので、右傍線を上に付けた。）

　藤井茂利（1992）によると、傍線は前のカタカナに後ろのカタカナを詰めたような形で発音する印である。本書では傍線を省略した。

（ix）『大清文典』の全 168 例に通し番号を付けた。『大清文典』と杭州音系資料との類似点をゴチック表記にして、次節で考察する。

105

〔表 4〕分紐分韻表

			大清文典		杭州音系				南京官話系				福州音系		漳州音系
摂	韻母	声母	例	カナ	彙要	南山	忠義	四書(浙)	雅俗	使用	便覧	四書(南)	略記(福)	長崎(福)	長崎(漳)
果	歌開一	透	1 他	ター	タア丶	タアー	タア	タア丶	タア丶	タア丶	タア丶	タア丶			
		定	2 大	ダー	**ダア丶**	**ダアー**	**ダア**	**ダア丶**	タア丶	タア丶	タア丶	タア丶	トウイ		トツ
		影	3 阿	アー	ア	アー		ヲウ	アツ			ヲウ	アツ		
	戈合一	滂	4 破	ポー	ポウ	ポヲー	ハウ	ポウ	ポウ	ポウ	ポウ	ポウ			
		影	5 窩	ウヲー	窩ヲウ	ヲウ			ヲウ		ホウ		アツ		
仮	麻開二	滂	6 怕	パー	パア丶	パアー	パ		パア丶	パア丶	パア丶				
		澄	7 茶	ザア	**ヅア丶**	**ヅアー**	**ザア**		ツア丶	ツア丶	ツア丶		タア		
		審（生）	8 沙	サア	サア丶	スアー	サア		サア丶		サア丶		サア		
		疑	9 衙	ヤー	牙ヤア丶	ヤアー	ヤア	牙ヤア丶	雅ヤア丶	雅ヤア丶	ヤア丶	牙ヤア丶	ゲエ		
	麻開三	心	10 寫	スエー	スエ丶	スエー	シエ丶		スエイ	スエイ	スエ丶				
		牀（船）	11 蛇	シエー	ゼエ丶	ジエー	シエ丶	セエ丶	セエ丶	射セエ丶	セエ丶	セエ丶	シヤウ		
		喩（以）	12 也	イエー	エ丶	エー		エ丶	エ丶	エ丶	エ丶	エ丶			
			13 夜	エー	エ丶	エー	エ丶	エ丶	エ丶	エ丶	エ丶	エ丶	ヤア	ヤツ	ヤ
	麻合二	疑	14 瓦	ウアー	ワア丶	ウワア	ワア	ワア丶				ワア丶			
		匣	15 華	ウアイ	ハア丶	ハアー	ワア	ハア丶	ハア丶	ハア丶	ハア丶	ハア丶			
遇	模合一	幇	16 布	ブウ	ブウ	ブウ	プウ	プウ	プウ	ブウ	プウ	プウ	ブウ		
		透	17 吐	ツ゛ウ	トウ	ト゛ヲー		兎トウ	トウ	[illegible]ウ	トウ	兎トウ	[illegible]ト゛ヲ		
		精	18 祖	ツウ	ツヲ丶	ツウ	做ツヲ丶	ツヲ丶	ツヲ丶	ツヲ丶	ツヲ丶	ツヲ丶			
		清	19 租	ツウ	ツヲ丶	ツウ		ツヲ丶	徂ツヲ丶	ツヲ丶	ツヲ丶	ツヲ丶	ツウ		
		見	20 古	クウ	クウ	クウ	クウ	クウ	クウ	クウ	クウ	クウ	クウ	固クウ	
		溪	21 枯	クウ	クウ	クウ	クウ	庫クウ	クウ	クウ	クウ	庫クウ			
		匣	22 乎	ウー	**ウ丶**	**胡ウ丶**	**胡ウ丶**	**ウ丶**	フウ	フウ	フウ	フウ	胡フウ		
	魚合三	牀（崇）	23 助	ヅウ	**ヅヲ丶**	**ヅウ**		**ヅヲ丶**	ツヲ丶	ツヲ丶	ツヲ丶	ツヲ丶			
	虞合三	奉	24 父	ウー	**ウ丶**	フウ	**ウ丶**	**ウ丶**	フウ	フウ	フウ	フウ			フ
		見	25 句	キユイ	拘キユイ	キイ		キユイ	キユイ	拘キユイ	拘キユイ	キユイ			クウ
蟹	咍開一	定	26 代	タイ	怠ダイ	ダイ	タイ	ダイ	タイ	タイ	タイ	タイ	タアイ		
		泥	27 乃	ナイ	ナイ	耐ナイ	ナイ	ナイ	ナイ	ナイ	ナイ	ナイ			
		見	28 該	カイ	カイ	カイ	カイ	改カイ	カイ	カイ	カイ	改カイ			
		溪	29 開	カイ	カイ	カイ	カイ	カイ	カイ	カイ	カイ	カイ			
		影	30 愛	アイ	アイ	アイ		アイ	アイ	アイ	アイ	アイ			
	泰開一	匣	31 害	アイ	ハイ	ハイ	ハイ	ハイ	ハイ	ハイ	ハイ	ハイ			
	皆開二	見	32 界	キヤイ	キヤイ	キヤイ	芥カイ	皆キヤイ	キヤイ	キヤイ	キヤイ	皆キヤイ	カイ		
	祭開三	審（書）	33 世	スウ	シイ	スウ	スウ	スウ	シイ	シイ	シイ	シイ	スエ		
	灰合一	滂	34 配	ポイ	ポイ	ポイ	ハイ	ポイ	ポイ	ポイ		ポイ			
		並	35 背	ボイ	ポイ	ポイ	ポイ	ポイ	ポイ	ポイ	ホイ	ポイ			
		泥	36 内	ヌイ	ヌイ	ヌイ	ヌイ	ヌイ	ヌイ	ヌイ	ヌイ	マイ			
		溪	37 魁	クワイ	塊クイ	塊クイ		奮クイ	塊クハイ	塊クハイ	塊クハイ	奮クイ	塊トイ		
		曉	38 灰	ホイ	ホイ	ホイ	ホイ	悔ホイ	悔ホイ	悔ホイ	ホイ	悔ホイ	ホイ		
	泰合一	匣	39 會	ウヲイ	**ヲイ**	ホイ	**ヲイ**	**ヲイ**	ホイ	ホイ	ホイ	ホイ			
		見	40 怪	クワイ	クハイ	ワイ	クワイ	クハイ	クハイ	クハイ	クハイ	クハイ			

	皆合二	匣	41 懐	ウワイ	**ワイ**	**ワイ**	**ワイ**	**ワイ**	ハイ	ハイ	ハイ	ハイ			
	夬合二	渓	42 快	クワイ	クハイ	クワイ	クハイ	クハイ	クハイ	クハイ	クハイ	クハイ			
	祭合三	照（章）	43 贅	ツイ	ツイ	ツイ			ツイ						
止	支開三	群	44 騎	キー	キイ	ギイ			キイ	キイ	キイ		奇キイ		
		影	45 倚	イー	イ丶		イ丶	イ丶	イ丶	イ丶	イ丶	イ丶			
		喩（以）	46 移	イー	イ丶	イー	イ丶	イ丶	イ丶	イ丶	イ丶	イ丶			
	脂開三	定	47 地	デ゛イ	デイ	デ゛イ	デリイ	デイ	デイ	デイ	デイ	デイ	デイ		
		心	48 四	スー	スウ	スウ	スウ	スウ	スウ	スウ	スウ	スウ			
		日	49 貮	ルー	ルウ	ルウ	ルウ	ルウ	ルウ	ルウ	ルウ	ルウ	ニイ		
	之開三	従	50 字	ツウ	**ヅウ**	**ヅウ**	**ズウ**	**ヅウ**	ツウ	ツウ	ツウ	ツウ	ヅイ		
		穿（昌）	51 歯	ツー	**ツウ**	**ツウ**	**ツウ**	**ツウ**	チイ	チイ	チイ	チイ			
		審（書）	52 詩	スウ	スウ	スウ		スウ	スウ	スウ	スウ	スウ			
		見	53 記	キイ	キイ	キイ	キイ	キイ	キイ	キイ	キイ	キイ	キ		
		影	54 意	イー	イ丶	イー		イ丶	イ丶	イ丶	イ丶	イ丶			
	微開三	見	55 幾	キー	キイ	キー	キイ	キイ	キイ	キイ	キイ	キイ	機キイ		
		渓	56 気	キイ	キイ	キイ	キイ	キイ	キイ	キイ	キイ	キイ			
		暁	57 希	ヒイ	ヒイ	ヒイ		ヒイ	ヒイ	ヒイ	ヒイ	ヒイ			
		影	58 依	イー	イ丶	イー	イ丶	イ丶	イ丶	イ丶	イ丶	イ丶	衣イ丶		
	支合三	邪	59 随	ズイ	**ヅイ**	**ヅウイ**	**ズイ**	ツイ	スイ	スイ	スイ	スイ			
		穿（昌）	60 吹	チユイ	**チユイ**	**チユイ**			ツイ	ツイ	ツイ				
		禅	61 睡	ズユイ	**ジユイ**	**ジユイ**		**垂ヅイ**	スイ	スイ	スイ	垂スイ			
		群	62 跪	グイ	**グイ**	**グイ**									
	脂合三	審（書）	63 水	シユイ	スイ	**シユイ**	スイ	**シユイ**	スイ	スイ	スイ	スイ	ツイ		
		見	64 愧	グイ	**グイ**	亀クイ	**グイ**	**グイ**	クイ	クイ	クイ	クイ	亀クイ		
		喩（雲）	65 位	ヲイ	ヲイ	ヲイ		ヲイ	ヲイ	ヲイ	ヲイ	ヲイ			
	微合三	非	66 飛	フイ	フイ	ヒイ	ヒフイ	フイ	フイ	フイ	フイ	フイ			
		見	67 帰	クイ	クイ	クイ	鬼クイ	クイ	クイ	クイ	クイ	クイ			
効	豪開一	透	68 套	タウ	タウ	タウ	タウ	滔タウ		タウ	タウ	滔タウ	タフ		
		精	68 早	ツアウ	ザ゛ウ	ツアウ	ツアウ	蚤ザ゛ウ	ザ゛ウ	ザ゛ウ	ザ゛ウ	蚤ザ゛ウ			
		見	70 高	カウ	カウ	カウ	カウ	カウ	カウ	カウ	カウ	カウ			
			71 羔	カウ		カウ		カウ		カウ		カウ			
		渓	72 靠	カウ	カウ	カウ				カウ	カウ				
		疑	73 鰲	ガアウ	熬ガウ	鰲ガウ	熬ガウ	敖ガウ	傲ガウ	熬ガウ	傲カウ	敖ガウ			
		暁	74 好	ハウ	ハウ	ハウ	ハウ	ハウ	ハウ	ハウ	ハウ	ハウ			
		影	75 奥	アウ	懊アウ	アウ		アウ		ハウ	懊ハウ	アウ			
			76 襖	アウ		アウ									
	肴開二	滂	77 炮	パウ	砲ハウ	パウ	泡ハウ		砲パウ	砲パウ			泡パウ		
	宵開三	澄	78 兆	チヤウ	**チヤウ**	**チヤウ**	趙チヤウ	**チヤウ**	チヤウ	朝チヤウ		チヤウ	潮テヤウ		
		影	79 要	ヤウ	ヤウ	ヤウ	ヤウ	ヤウ	ヤウ	ヤウ	ヤウ	ヤウ			
流	侯開一	端	80 斗	テウ	テウ	テウ	テウ	テウ	テウ	テウ	テウ	テウ			
		渓	81 口	ケエウ	ケウ	ゲ゛ウ	ケウ	ケウ	ケウ	ケウ	ケウ	ケウ	ケウ		
		匣	82 厚	エウ	ヘウ	ヘウ	後ヘウ	ヘウ	ヘウ	ヘウ	ヘウ	ヘウ			候ヘウ
		影	83 謳	エ゛ウ		嘔ヲエウ	嘔エウ	欧ヘエウ	殴エヘウ	嘔エヘウ	嘔エヘウ	欧ヘエウ			

摂	語韻	等呼	例	カナ	韻鏡	広韻	忠鎮	四庫全書	高本漢系			使用	仲鎮	四庫全書	董同龢系	羅常培系	長廣敏雄	
									雅谷									
效	一開		84 胞	テイウ	ツェウ	ツェウ	ツェウ	ツェウ	ツェウ			ツェウ	ツェウ					索ケウ
			85 慶	ヌェウ	ヌェウ	スェウ	ヌェウ	ヌェウ	ヌェウ			ヌェウ	ヌェウ					
			86 文	アウ	アウ	アウ	キウ	キウ	キウ			キウ	キウ			言ェウ	言ェウ	
	二開		87 好	アウ	アウ	アウ	アウ	アウ	アウ			アウ	アウ					
			88 朝	アウ	アウ			キウ					キウ			ケウ	ケウ	
			89 寄	アウ	アウ													
	三開		90 尭	アウ	アウ		キ	龔キウ	キウ			韺キウ	韺キウ				カウ	
			91 劇	キ	キ	キ	キ	チェウ	チェウ			チェウ	チェウ					
	四開		92 眼	アウ	アウ													
			93 貼	アウ	アウ		ヘ	ヘ	ヘ			ヘ	ヘ					
	一合		94 上	アウ	アウ													
流	一開		95 上	ふ	ふ	ふ	ふ	ふ	ふ			ふ	ふ					
			96 ⺙	カ	カ	カ	カ	カ	カ			カ	カ				カ	
	三開		97 有	ヘ	ヘ	ヘ	ヘ	假ワ	ヘ			ヘ	ヘ			カ		索ワ
			98 酒	ヘ	ヘ	ヘ	ヘ											
			99 流	ヘ	ヘ	ヘ	ヘ	ヘ	ヘ			ヘ	ヘ					
咸	一開		100 甘	チェ	チェ	チェ	チェ	チェ	チェ			チェ	チェ			苦チェ		
			101 佰	レ	レ	レ	レ	レ	レ			レ	レ			名チェ	名チェ	
	二開		102 ⼭	ヘ	ヘ													
	三開		103 半	ヘ	ヘ													
			104 鑒	バァン	バァン	ボァン	ボァン	バン	バン			バン	バン				バン	
			105 宅	タァン	タァン	クァン	クァン					管クァン	管クァン				宮クァン	
	四合		106 厳	ウァン	ウァン	ウァン	ウァン	ウァン	ウァン			ウァン	ウァン			ウァン	ウァン	石ウァン
深	三開		107 弱	ヌェン	ヌェン	ヌェン	ヌェン	ヌェン	ヌェン			ヌェン	ヌェン					
			108 宛	ヌェン	ヌェン													
			109 関	ヌェン	ヌェン													
			110 遠	ヌェン	ヌェン													
咽	三合		111 月	ヌェ	ヌェ	エ	エ	ユ	ユ			ユ	ユ			ケ	ケ	
			112 越	ヌェ	ヌェ	エ	エ	エ	エ			エ	エ					
臻	一開		113 根	チェ	チェ	チェ	チェ	チェ	チェ			チェ	チェ					
			114 痕	キェ	キェ	キェ	キェ	キェ	キェ			キェ	キェ					
	二開		115 悪	ウェ	ウェ	ウェ	ウェ	四ワェ				四ワェ						
	三開		116 心	キェ	キェ	キェ	キェ	キェ	キェ			キェ	キェ					
			117 沼	ベェ	ベェ	ベェ	ベェ	益ベェン	ベェン			益ベェン	益ベェン			盤ベェン		
	三合		118 宏	ペェン	ペェン	ペェン	ペェン	双キェン	改キェン			双キェン	改キェン					
			119 均	トェン	トェン	ユェン	ユェン	エェン	上キェン			エェン	上キェン					
			120 緯	ポ	ポ	ポ	ポ	周キェン				周キェン						
	合合		121 木	ユェ	ユェ	ユェ	ユェ	ユェ	ユェ			ユェ	ユェ					
	四合		122 四	ユェ	ユェ	ニェ	ニェ	ニェ	ニェ			ニェ	ニェ				ニェン	
	文合		123 分	ユェ	ユェ	ユェ	ユェ	ユェ	ユェ			ユェ	ユェ			開キェン	開キェン	四キェン
臻	三開		124 勤	テェ	テェ	像ウェ	像ウェ	群キェン	群キェン			群キェン	群キェン			群キェン	群キェン	
	三合		125 薫	キェ	キェ	像ウェ	像ウェ	様キェン	様ユェン			様ユェン	様ユェン			様ユェン	様ユェン	

	物合三	微	126 物	ウヱ	**ウヱ**	**ウヱ**	**ウヱ**	ウヱツ	ウヱツ	ウヱツ	ウヱツ	ウヱツ			
宕	唐開一	端	127 當	タン	タン	タン	タン	タン	タン	タン	タン	タン			
		心	128 喪	サン	サン	サン		サン	サン	サン		サン			
		見	129 缸	カン	カン	カン	罡カン	剛カン	岡カン	鋼カン	剛カン	剛カン	剛コン		
		疑	130 昂	ガアン											
	陽開三	来	131 涼	リヤン	リヤン	リヤン	亮リヤン	リヤン	リヤン	リヤン	リヤン	リヤン			両ヌン
		日	132 讓	ジヤン	ジヤン	ジヤン		ジヤン	シヤン	ジヤン	シヤン	シヤン			
	薬開三	日	133 若	ヂヤ	**ジヤ**	**ジヤ**	**ジヤ**	**ジヤツ**	ジヨツ	ジヨツ	ジヨツ	ジヨツ			
	陽合三	奉	134 房	ウワン	**ワン**	**ワン**	**ワン**		ハン	ハン	ハン		魴ハン		
		微	135 忘	ウワン	ワン	ワン	望ワン	ワン	ワン	ワン	ワン	ワン	網マン		
曽	登開一	並	136 朋	ボン	**ボン**	**ボン**		**ボン**	ボン	ボン	ボン	ボン			
		溪	137 肯	ケ゛エン	ケ゛ン	ケ゛ン	ケハン	ケエン	ケン	ケン	ケン	ケエン			
		匣	138 恒	エ゛ン		ヘン		ヘン				ヘン			
	徳開一	明	139 墨	メ	**モ゜**	**メ**	**モ**	墨モ゛ツ	モ゛ツ	ミツ	黙モツ	モ゛ウ			
		端	140 得	テ	**テ**	**テ**	**テ**	テエツ	テツ	テツ	テツ	テエツ		テツ	テエル
		定	141 特	デ	**デ**	**デ**	**デ**		テツ	テツ	テツ				
		来	142 勒	レ	**レ**	**レ**	**レ**		レツ	レツ					
		溪	143 克	クヱ	**ケ**	**刻ケ゜**		ケツ	ケツ	刻ケツ	ケツ	ケツ			
		暁	144 黒	ヘ	**ペ**	**ヘ**	**ヘ**		ヘツ	ヘツ	ヘツ				
	職開三	澄	145 直	ヂ	**チ**	**チ**	**チ**	**チツ**	チツ	チツ	チツ	チツ			
		審（生）	146 色	スヱ	**スヱ**	**スヱ**	**スヱ**	スヱツ	スヱツ	スヱツ	スヱツ	スヱツ	セク		
梗	庚開二	来	147 冷	レン	レン	レン			レン	レン	レン				チエン
		審（生）	148 省	セン	スヱン	スヱン		スヱン		スヱン	スヱン	スヱン			
		見	149 更	ケ゛ン	ケ゛ン	ケ゛ン	ケン	ケン	ケン	ケン	ケン	ケン	梗ケン		
		疑	150 硬	ゲエン	ゲヱン	**ゲン**	ゲハン		ケン		ヘン				
	陌開二	並	151 白	**ベ**	**ベ**	**ベ**	**ベ**	**ベツ**	ベツ	ベツ	ベツ	ベツ	バア		
		徹	152 拆	ツエ	ゼ	**ツヱ**	**ツエ**		ツヱツ	ツヱツ					
		澄	153 宅	ツヱ	ツヱ		**ゼ**	**ヅヱツ**	ツヱツ	擇ツヱツ	擇ツヱツ	ツヱツ	澤テク		
	麦開二	見	154 隔	クヱ	**ケ**	**ケ゜**	**ケ**	ケツ	ケツ	ケツ	ケツ	ケツ			
		影	155 厄	ヤ				厄イヱツ				厄イヱツ			
	庚開三	並	156 平	ビン	**ビン**	**ビン**	**ビン**	**ビン**	ビン	ビン	ヒン	ビン			
	清開三	来	157 令	リン	リン	リン		リン	リン	リン	リン	リン			レン
		精	158 精	ツイン	ツイン	ツイン		ツイン	ツイン	ツイン	ツイン	ツイン	晶チイン		
	青開四	端	159 丁	デ゛イン	テイン	釘テイン	頂テリン	テイン	頂テイン	酊テイン	酊テイン	テイン	チエン		
通	東合一	端	160 東	トン	トン	トン	トン	トン	トン	トン	トン	トン	トヲン		
		見	161 工	コン	コン	コン	コン	コン	コン	コン	コン	コン			
		溪	162 孔	コン	コン	コン	コン	コン	空コン	コン	コン	コン	コン		
		影	163 甕	ウヲン	**翁ウヲン**	ヨン			ホン				ウエン		
	東合三	非	164 風	フホン	フヲン	フヲン	フヲン	フヲン	フヲン	フヲン	フヲン	フヲン			
		知	165 中	チヨン	チヨン	チヨン	チヨン	チヨン	チヨン	チヨン	チヨン	チヨン	テヨン		
	鍾合三	邪	166 松	ゾン		**誦ヅヲン**		**ヅヲン**	ソン	誦ソン	誦ソン	ツヲン			
		見	167 供	コン	コン	コン	コン	コン	コン	コン	コン	コン			
	燭合三	疑	168 玉	**ヨ**	**ヨ**	**ヨ**	**ヨ**	ヨツ	ヨツ	ヨツ	ヨツ	ヨツ			

本論　中国語カナ表記の音韻学的研究

3 福州音系資料・漳州音系資料との相違点

3.1 知母・徹母・澄母字の発音 [t]・[t‘]

　現代中国語の方言区画では福州音と漳州音は共に閩語に属している。詹伯慧著・樋口靖訳（1983）の「第十一章　閩方言」の項では、閩語の音声特徴について次のように述べている。

　　　知，徹，澄声母の字を t-，　t‘-に読む。いわゆる「舌上」は「舌頭」に帰す，である。

　現代閩語では舌上音知母 [ʈ]・徹母 [ʈ‘]・澄母 [ɖ] は、舌頭音端母 [t]・透母 [t‘] のように発音するということである。

　〔表 4〕「分紐分韻表」によると、仮摂麻韻開口 2 等澄母字「7 茶」・効摂宵韻開口 3 等澄母字「78 兆」・梗摂陌韻開口 2 等澄母字「153 宅」・通摂東韻合口 3 等知母字「165 中」などは、舌上音知母・澄母の用例である。
　「7 茶」は『大清文典』に「ザア」、福州音系資料の『僞幼略記』の「福州音」に「タア」と表記される。
　「78 兆」は『大清文典』に「ヂヤウ」、福州音系資料の『僞幼略記』の「福州音」に「テヤウ」と表記される。
　「153 宅」は『大清文典』に「ヅエ」、福州音系資料の『僞幼略記』の「福州音」に「テク」と表記される。
　「165 中」は『大清文典』に「チヨン」、福州音系資料の『僞幼略記』の「福州音」に「テヨン」と表記される。
　上のように、『大清文典』は「チ」・「ヂ」・「ザ」・「ヅ」で舌上音知母・澄母を表記しているが、福州音系資料の『僞幼略記』の「福州音」は「テ」・「タ」で表記している。「チ」・「ヂ」・「ザ」・「ヅ」は摩擦のある音だが、「テ」・「タ」

110

第 1 章　『大清文典』の中国語カナ表記について

は破裂音である。

　このように、福州音系資料は知母・澄母を破裂音で表記するということは、知母・徹母・澄母字の発音が［t］・［tʻ］であったことを物語っているのではないかと思われる。

　以上の特徴から見ると、『大清文典』は福州音系資料とは異なるものと考えられる。

3.2　声母の相違点

　中国語諸方言において、閩語は漢民族共通語との差が最も大きな方言の一つである。「知母・徹母・澄母字の発音［t］・［tʻ］」以外に、声母には幾つかの相違点が挙げられる。

　蟹摂灰韻合口 1 等溪母字「37 魁」は『大清文典』では「クワイ」であるが、福州音系資料の『兎幼略記』の「福州音」では「トイ」である。

　止摂脂韻開口 3 等日母字「49 貳」は『大清文典』では「ルー」であるが、福州音系資料の『兎幼略記』の「福州音」では「ニイ」である。

　止摂脂韻合口 3 等審書母字「63 水」は『大清文典』では「シユイ」であるが、福州音系資料の『兎幼略記』の「福州音」では「ツイ」である。

　山摂月韻合口 3 等疑母字「111 月」は『大清文典』では「イユヱ」であるが、福州音系資料の『兎幼略記』の「福州音」では「グヲツ」である。

　宕摂陽韻開口 3 等来母字「131 涼」は『大清文典』では「リヤン」であるが、漳州音系資料の「長崎通事唐話会」の「漳州音」では「ヌン」である。

　宕摂陽韻合口 3 等微母字「135 忘」は『大清文典』では「ウワン」であるが、福州音系資料の『兎幼略記』の「福州音」では「マン」である。

　上記の相違点が生じる原因を明らかにするため、現代閩語の音声と比較していきたい。声母別で分類すると、次の〔**表 5**〕となる。

111

本論　中国語カナ表記の音韻学的研究

〔表5〕『大清文典』と福州音系資料・漳州音系資料との相違点（声母）

声母	例	大清文典	閩語資料		閩語の音声（『漢語方音字彙』より）			
			福州音系	漳州音系	厦門	潮州	福州	建甌
微	135 忘	ウワン（アヤワ行）	網マン（マ行）			[m-]	[m-]白	[m-]
来	131 涼	リヤン（ラ行）		両ヌン（ナ行）	[n-]白	[n-]白		[n-]
審書	63 水	シユイ（サ行）	ツイ（タ行破擦音）		[ts-]白	[ts-]	[ts-]	
日	49 貳	ルー（ラ行）	ニイ（ナ行）			[n-]俗	[n-]	[n-]
溪	37 魁	クワイ（カ行）	塊トイ（タ行破裂音）		[t-]俗		[t-]俗	[t-]
疑	111 月	イユエ（アヤワ行）	グヲツ（ガ行）		[g-]	[g-]	[ŋ-]	[ŋ-]

　微母字・「135 忘」は現代の潮州・福州白・建甌において、声母が［m-］である。そのため、福州音系資料にマ行で表記されたのである。

　来母字・「131 涼」は現代の厦門白・潮州白・建甌において、声母が［n-］である。そのため、福州音系資料にナ行で表記されたのである。

　審書母字・「63 水」は現代の厦門白・潮州・福州において、声母が［ts-］である。そのため、福州音系資料にタ行破擦音で表記されたのである。

　日母字・「49 貳」は現代の潮州俗・福州・建甌において、声母が［n-］である。そのため、福州音系資料にナ行で表記されたのである。

　溪母字・「37 魁」は現代の厦門俗・福州俗・建甌において、声母が［t-］である。そのため、福州音系資料にタ行破裂音で表記されたのである。

　疑母字・「111 月」は現代の厦門・潮州においてその声母が［g-］であり、福州・建甌においてその音声が［ŋ-］である。そのため、福州音系資料にガで表記されたのである。

　以上のように声母の相違点を列挙した。それらの相違点からみると、『大清文典』は福州音系資料・漳州音系資料とは異なっていると思われる。

3.3　韻母の相違点

　〔表5〕では声母の相違点を纏めた。次に韻母の相違点を挙げていきたい。

　仮摂麻韻開口 3 等喩以母字「13 夜」は『大清文典』では「エー」である。

福州音系資料の『戠幼略記』の「福州音」では「ヤア」、「長崎通事唐話会」の「福州音」では「ヤツ」である。漳州音系資料の「長崎通事唐話会」の「漳州音」では「ヤ」である。

　遇摂虞韻合口 3 等見母字「25 句」は『大清文典』では「キユイ」であるが、漳州音系資料の「長崎通事唐話会」の「漳州音」では「クウ」である。

　山摂黠韻開口 2 等幇母字「100 八」は『大清文典』では「パ」であるが、福州音系資料の『戠幼略記』の「福州音」では「ペツ」である。

　山摂元韻合口 3 等喩云母字「110 遠」は『大清文典』では「イユエン」であるが、漳州音系資料の「長崎通事唐話会」の「漳州音」では「ワン」である。

　梗摂陌韻開口 2 等並母字「151 白」は『大清文典』では「ベ」であるが、福州音系資料の『戠幼略記』の「福州音」では「バア」である。

　梗摂清韻開口 3 等来母字「157 令」は『大清文典』では「リン」であるが、漳州音系資料の「長崎通事唐話会」の「漳州音」では「レン」である。

　上記の相違点が生じる原因を明らかにするため、現代閩語の音声と比較していきたい。韻母別で分類すると、次の【表 6】となる。

〔表 6〕『大清文典』と福州音系資料・漳州音系資料との相違点 （韻母）

韻母	例	大清文典	閩語資料		閩語の音声（『漢語方音字彙』より）			
			福州音系	漳州音系	厦門	潮州	福州	建甌
麻開三	13 夜	エー（凵）	ヤア・ヤツ（凹）	ヤ（凹）	[-a]	[-a]	[-a]	[-a]
虞合三	25 句	キユイ（凸ユイ）		クウ（凹ウ）	[-u]	[-u]		
黠開二	100 八	パ（凹）	ペツ（凵）				[-aiʔ]	[-ai]
元合三	110 遠	イユエン（介音 [-y-]）		ワン（韻頭[-u-]）	[-u-]ㄖ		[-u-]ㄖ	
陌開二	151 白	ベ（凵）	パア（凹）		[-aʔ]白		[-a]白	[-a]
清開三	157 令	リン（凸ン）		レン（凵ン）		[-eŋ]	[-eiŋ]	[-eiŋ]

　麻開三韻・「13 夜」は現代の厦門・潮州・福州・建甌において、韻母が [-a] である。そのため、福州音系資料・漳州音系資料に「⑦」で表記されたのである。

　虞合三韻・「25 句」は現代の厦門・潮州において、韻母が [-u] である。そ

のため、漳州音系資料に「㋕ウ」で表記されたのである。

點開二韻・「100 八」は韻母が現代の福州において［-ai?］であり、建甌において［-ai］である。音声的に［ai］は「エ」に聞こえるので、福州音系資料に「㋱」で表記されたのである。

元合三韻・「110 遠」は現代の厦門文・福州文においてゼロ声母の音節である。そして韻頭は［-u-］である。そのため、福州音系資料にワ行で表記されたのである。

陌開二韻・「151 白」は韻母が現代の福州白において［-a?］であり、建甌白において［-a］である。そのため、福州音系資料に「㋒」で表記されたのである。

清開三韻・「157 令」は韻母が現代の潮州において［-eŋ］であり、福州・建甌において［-eiŋ］である。そのため、漳州音系資料に「㋱ン」で表記されたのである。

以上のように、韻母の相違点を列挙した。相違点からみると、『大清文典』は福州音系資料・漳州音系資料とは異なっていると思われる。

以上、「知母・徹母・澄母字の発音［t］・［t‘］」・「声母の相違点」・「韻母の相違点」の 3 点から見た結果、『大清文典』の性格は福州音系資料・漳州音系資料とは異なっていると考えられる。

4 杭州音系資料との類似点

本章第 2 節の「2 近世唐音資料についての先行研究」で述べたように、有坂秀世（1938）・高松政雄（1985）・岡島昭浩（1992）は近世唐音資料を杭州音系資料と南京官話系資料に大きく分けている。本節でも、先行研究の成果を参考しながら杭州音系資料との類似点を考えていきたい。

なお、〔表 4〕「分紐分韻表」を作成する際に、『大清文典』と杭州音系資料との類似点をゴチック表記にしている。

114

第 1 章　『大清文典』の中国語カナ表記について

4.1 声母の場合

(1) 全濁声母（奉母・匣母を除く）

　果摂歌韻開口 1 等定母字「2 大」・仮摂麻韻開口 2 等澄母字「7 茶」・遇摂魚
韻合口 3 等牀_崇母字「23 助」・止摂之韻開口 3 等従母字「50 字」・止摂支韻合
口 3 等邪母字「59 隨」・止摂支韻合口 3 等禅母字「61 睡」・止摂支韻合口 3
等群母字「62 跪」・効摂宵韻開口 3 等澄母字「78 兆」・流摂尤韻開口 3 等牀_崇
母字「84 愁」・深摂緝韻開口 3 等禅母字「95 十」・山摂桓韻合口 1 等並母字「104
盤」・臻摂魂韻合口 1 等並母字「118 笨」・臻摂文韻合口 3 等群母字「124 郡」・
曾摂登韻開口 1 等並母字「136 朋」・曾摂徳韻開口 1 等定母字「141 特」・曾摂
職韻開口 3 等澄母字「145 直」・梗摂陌韻開口 2 等並母字「151 白」・梗摂陌韻
開口 2 等澄母字「153 宅」・梗摂庚韻開口 3 等並母字「156 平」・通摂鍾韻合口
3 等邪母字「166 訟」は、全濁声母の用例である。

　「2 大」は『大清文典』では「ダー」である。杭州音系資料の『唐話纂要』・
『四書唐音弁』の「浙江音」では「ダアヽ」、『南山俗語考』では「ダアー」、
『忠義水滸伝』では「ダア」である。南京官話系資料では「タアヽ」である。

　「7 茶」は『大清文典』では「ザア」である。杭州音系資料の『唐話纂要』
では「ヅアヽ」、『南山俗語考』では「ヅアー」、『忠義水滸伝』では「ザア」
である。南京官話系資料では「ツアヽ」である。

　「23 助」は『大清文典』では「ヅウ」である。杭州音系資料の『唐話纂要』・
『四書唐音弁』の「浙江音」では「ヅヲヽ」、『南山俗語考』では「ヅウ」で
ある。南京官話系資料では「ツヲヽ」である。

　「50 字」は『大清文典』では「ヅウ」である。杭州音系資料の『唐話纂要』・
『南山俗語考』・『四書唐音弁』の「浙江音」では「ヅウ」、『忠義水滸伝』で
は「ズウ」である。南京官話系資料では「ツウ」である。

　「59 隨」は『大清文典』では「ズイ」である。杭州音系資料の『唐話纂要』
では「ヅイ」、『南山俗語考』では「ヅウイ」、『忠義水滸伝』では「ズイ」で
ある。南京官話系資料では「スイ」である。

115

本論　中国語カナ表記の音韻学的研究

「61 睡」は『大清文典』では「ズユイ」である。杭州音系資料の『唐話纂要』と『南山俗語考』では「ジユイ」、『四書唐音弁』の「浙江音」では「ヅイ」である。南京官話系資料では「スイ」である。

「62 跪」は『大清文典』では「グイ」である。杭州音系資料の『唐話纂要』と『南山俗語考』では「グイ」である。

「78 兆」は『大清文典』では「ヂヤウ」である。杭州音系資料の『唐話纂要』・『南山俗語考』・『四書唐音弁』の「浙江音」では「ヂヤウ」である。南京官話系資料では「チヤウ」である。

「84 愁」は『大清文典』では「ヂイウ」である。杭州音系資料の『唐話纂要』・『南山俗語考』では「ヅエウ」である。南京官話系資料では「ツエウ」である。

「95 十」は『大清文典』では「ジ」である。杭州音系資料の『唐話纂要』・『南山俗語考』・『四書唐音弁』の「浙江音」では「ジ」である。南京官話系資料では「シツ」である。

「104 盤」は『大清文典』では「バアン」である。杭州音系資料の『唐話纂要』・『四書唐音弁』の「浙江音」では「バアン」、『南山俗語考』では「ボワン」、『忠義水滸伝』では「バン」である。南京官話系資料では「パアン」である。

上記のように、全濁声母（奉母・匣母を除く）において、『大清文典』と杭州音系資料は濁音カナ、南京官話系資料は清音カナで表記しているのであろう。

表記上の違いについては、以下の 2 点が考えられる。

①呉音の特質

趙元任（1928）は呉語の定義について次のように述べている。

　廣義的呉語包括江蘇的東南部跟浙江的東北大半部。這呉語觀念的定義或

116

第 1 章　『大清文典』の中国語カナ表記について

這觀念的能否成立是要等詳細研究過後才能夠知道，現在暫定的"工作的
假設"就是暫以有幫滂並，端透定，見溪羣三級分法為呉語的特徴。
広い範囲での呉語は江蘇省の東南部や浙江省の東北部の大半を含んでい
る。これは成り立つかどうかは綿密に検討しないと判断できない。今は
仮りに「幫滂並」・「端透定」・「見溪群」の 3 級分類のあることを呉語の
特徴としている。（筆者注：日本語訳は筆者）

現代中国語方言学では、趙元任（1928）の基準を以て呉語を区画している。
例えば、『中国語言地図集』は「図 B9　呉語」についての説明において、呉
語の音韻特徴を次のように述べている。

古全濁声母多数点今仍読濁音，与古清音声母今仍読清音有別。古幫滂並
［p p' b］、端透定［t t' d］、見溪群［k k' g］今音在発音方法上
三分。以"端透定"為例，一般仍分読［t t' d］。少数点如青田分読［ʔd
t' d］，慶元分読［ʔd t' t］，浦城分読［l t' t］，銅陵分読［t t' r］，
也保持三分。這是呉語最主要的特点。

（呉語において）全濁声母は多数の方言点で濁音のように発音する。全
清・次清声母と異なっている。全濁声母の幫・滂・並［p p' b］、端・
透・定［t t' d］、見・溪・群［k k' g］は発音方法において三分し
ている。「端・透・定」を例として説明する。「端・透・定」は一般的に
は［t t' d］と発音するが、少数の方言点、例えば、「青田」では［ʔd t' d］、
「慶元」では［ʔd t' t］、「浦城」では［l t' t］、銅陵では［t t' r］
である。音価は違っているが、相変わらず三分している。これは呉語の
最も顕著な特徴である。（筆者注：日本語は筆者）

「杭州」は『中国語言地図集』の「図 B9　呉語」によると、呉語の「太湖
片」の「杭州小片」に属している。
趙元任（1928）が指摘したように、呉語は「幫滂並」・「端透定」・「見溪群」

117

本論　中国語カナ表記の音韻学的研究

の 3 級分類がある。よって、杭州音系資料は濁音カナで濁音声母の並母・定母・澄母・群母・従母・邪母・床母・禅母を表記したのである。

②濁点の表記法

　濁点は積極的に施されていなかったという可能性もある。日本語の清濁表記法は様々な歴史的過程を経て成立したものである。訓点資料であれ和文資料であれ、濁点を積極的に施さない例は数多く存在している。表は清音カナであるが、裏は濁音を表記しているということである。

　そこで、南京官話系資料は濁点を積極的に打つものなのか、それとも打たないものなのかについて検討していきたい。

　検討の手がかりは次濁・日母字とする。「人」・「日」・「若」などの次濁・日母字（[nz] ＞ [ʐ]）は次の『唐音雅俗語類』のように清音カナ「サ行」と濁音カナ「ザ行」の両方で表記される。

　　清音カナ「サ行」　　人物駢雑（316 頁）　　人不弛弓（347 頁）
　　濁音カナ「ザ行」　　為人温醇（306 頁）　　褒人（313 頁）
　　（筆者注：頁数は『唐話辞書類集』（第 6 集）を指す。）

　次濁・日母字（[nz] ＞ [ʐ]）を網羅的に調査すると、傾向は次の〔表 7〕のようになる。

〔表 7〕南京官話系資料における日母字の清濁表記

	人		日		若		如		熱		任		擾		讓		その他		合計		割合	
資料名	清	濁	清	濁	清	濁	清	濁	清	濁	清	濁	清	濁	清	濁	清	濁	清	濁	清	濁
雅俗	10	321		63	1	71	4	37	3	2	5	7	2	1	4		44	89	73	591	11%	89%
使用	16	219	10	155	7	53	14	87	4			5	1	4	4	2	36	90	92	615	13%	87%
便覧	13	263	1	111	6	78	7	60	9	8		1		1	6		41	25	83	547	13%	87%
四書（南）		1		1		1		1		1		1			1	1	8	21	9	28	24%	76%

第 1 章 『大清文典』の中国語カナ表記について

『唐音雅俗語類』には次濁・日母字は延べ数が 664 例である。うち、清音カナで表記するものは 73 例であり、濁音カナで表記するものは 591 例である。両者の割合は 11%対 89%である。

『唐語（話）便用』には次濁・日母字は延べ数が 707 例である。うち、清音カナで表記するものは 92 例であり、濁音カナで表記するものは 615 例である。両者の割合は 13%対 87%である。

『唐訳便覧』には次濁・日母字は延べ数が 630 例である。うち、清音カナで表記するものは 83 例であり、濁音カナで表記するものは 547 例である。両者の割合は 13%対 87%である。

『四書唐音弁』の「浙江音」には次濁・日母字は延べ数が 37 例である。うち、清音カナで表記するものは 9 例であり、濁音カナで表記するものは 28 例である。両者の割合は 24%対 76%である。

以上のように、「人」・「日」・「若」などの次濁・日母字（［nz］＞［z̦］）は圧倒的に濁音カナで表記されている。よって、南京官話系資料は濁点を積極的に打っているのではないかと思われる。

南京官話系資料が濁点を積極的に打つものであった以上、②のように「濁点を積極的に施さなかったのではないか」という疑いは解消され、①のように説明できると考えられる。

以上、全濁声母のカナ表記から見ると、『大清文典』は南京官話系資料と異なり、杭州音系資料に類似していると思われる。

（2）全濁声母の奉母

遇摂虞韻合口 3 等奉母字「24 父」・宕摂陽韻合口 3 等奉母字「134 房」は、全濁声母の奉母の用例である。

「24 父」は『大清文典』では「ウー」である。杭州音系資料の『唐話纂要』・『忠義水滸伝解』・『四書唐音弁』の「浙江音」では「ウヽ」である。南京官話系資料では「フウ」である。

119

「134 房」は『大清文典』では「ウワン」である。杭州音系資料の『唐話纂要』・『南山俗語考』・『忠義水滸伝解』では「ワン」である。南京官話系資料の『唐音雅俗語類』・『唐語（話）便用』・『唐訳便覧』では「ハン」である。

奉母について、『大清文典』と杭州音系資料はアヤワ行、南京官話系資料はハ行で表記しているのであろう。奉母は杭州音で有声唇歯摩擦音［v-］、南京官話で無声唇歯摩擦音［f-］であったとされている。（杭州音と南京官話の音価はぞれぞれ趙元任（1928）と Bernhard Karlgren（1915－1926）による）

以上、奉母のカナ表記から見ると、『大清文典』は杭州音系資料に類似していると思われる。

（3）全濁声母の匣母

遇摂模韻開口 1 等匣母字「22 平」・蟹摂泰韻合口 1 等匣母字「39 會」・蟹摂皆韻合口 2 等匣母字「41 懐」は全濁声母の匣母の用例である。

「22 平」は『大清文典』では「ウー」である。杭州音系資料では「ウヽ」である。南京官話系資料では「フウ」である。

「39 會」は『大清文典』では「ウヲイ」である。杭州音系資料の『唐話纂要』・『忠義水滸伝解』・『四書唐音弁』の「浙江音」では「ヲイ」である。南京官話系資料では「ホイ」である。

「41 懐」は『大清文典』では「ウワイ」である。杭州音系資料では「ワイ」である。南京官話系資料では「ホイ」である。

匣母について、『大清文典』と杭州音系資料はアヤワ行、南京官話系資料はハ行で表記しているのであろう。匣母は杭州音で有声声門摩擦音［ɦ-］、南京官話で無声軟口蓋摩擦音［x-］であったとされている。（杭州音と南京官話の音価はぞれぞれ趙元任（1928）と Bernhard Karlgren（1915－1926）による）

以上、匣母のカナ表記から見ると、『大清文典』は杭州音系資料に類似していると思われる。

4.2 韻母の場合

（1）止摂開口舌・歯音（破擦音に限って）

　止摂之韻開口 3 等従母字「50 字」・止摂之韻開口 3 等穿_昌母字「51 歯」は止摂開口舌・歯音（破擦音に限って）の用例である。

　「50 字」は『大清文典』では「ヅウ」である。杭州音系資料の『唐話纂要』・『南山俗語考』・『四書唐音弁』の「浙江音」では「ヅウ」、『忠義水滸伝』では「ズウ」である。南京官話系資料では「ツウ」である。

　「51 歯」は『大清文典』では「ツー」である。杭州音系資料では「ツウ」である。南京官話系資料では「チイ」である。

　上記の 2 例を対照的に考えてみると、次のように纏められる。（杭州音と南京官話の音価はぞれぞれ趙元任（1928）と Bernhard Karlgren（1915－1926）による）

	『大清文典』	杭州音系資料	南京官話系資料
精組「50 字」	ヅウ	ヅウ（ズウ）［zɿ］	ツウ［tsɿ］
照組「51 歯」	ツー	ツウ［tsʻɿ］	チイ［tʂʻʅ］

　精組であれ、照組であれ、『大清文典』は杭州音系資料と共に「⑦ウ」で表記している。しかし、南京官話系資料は、精組では「⑦ウ」であるが、照組では「①イ」である。

　後ろに付けられた音声に示したように、杭州音において精組と照組の韻母は［-ɿ］であり、そり舌音化していない。

　一方、南京官話において精組の韻母は［-ɿ］であり、そり舌化していない。しかし、照組の韻母は［-ʅ］であり、そり舌音化していた。そのため、杭州音系資料は一型、南京官話系資料は両型を取ったと考えられる。

　以上、止摂開口舌・歯音（破擦音に限って）のカナ表記から見ると、『大清文典』は杭州音系資料に類似していると思われる。

本論　中国語カナ表記の音韻学的研究

（2）薬韻

宕摂薬韻開口 3 等日母字「133 若」は薬韻の用例である。

「133　若」は『大清文典』では「ヂヤ」である。杭州音系資料の『唐話纂要』・『南山俗語考』・『忠義水滸伝』では「ジヤ」、『四書唐音弁』の「浙江音」では「ジヤツ」である。南京官話系資料では「ジヨツ」である。

『大清文典』は杭州音系資料と共に「㋑ヤ（ツ）」で「133 若」の韻母を表記しているのに対して、南京官話系資料は「㋑ヨツ」で表記している。なぜなら、薬韻は杭州音で［-a］、南京官話で［-o］であったとされているからである。（杭州音と南京官話の音価はそれぞれ趙元任（1928）と Bernhard Karlgren（1915－1926）による）

以上、薬韻のカナ表記から見ると、『大清文典』は杭州音系資料に類似していると思われる。

4.3　個別的なの類似点

以上の類似点は体系的なものであるが、次のように個別的な類似点もある。

（1）入声韻尾

咸摂狎韻開口 2 等影母字「91 鴨」・咸摂乏韻合口 3 等非母字「94 法」・深摂緝韻開口 3 等禅母字「95 十」・山摂黠韻開口 2 等幫母字「100 八」・山摂月韻合口 3 等疑母字「111 月」・山摂月韻合口 3 等喩₌母字「112 越」・臻摂質韻開口 3 等見母字「117 吉」・臻摂没韻合口 1 等幫母字「121 不」・臻摂物韻合口 3 等奉母字「125 弗」・臻摂物韻開口 3 等微母字「126 物」・宕摂薬韻開口 3 等日母字「133 若」・曽摂徳韻開口 1 等明母字「139 墨」・曽摂徳韻開口 1 等端母字「140 得」・曽摂徳韻開口 1 等定母字「141 特」・曽摂徳韻開口 1 等来母字「142 勒」・曽摂徳韻開口 1 等溪母字「143 克」・曽摂徳韻開口 1 等暁母字「144 黒」・曽摂職韻開口 3 等澄母字「145 直」・曽摂職韻開口 3 等審₌母字「146 色」・梗摂陌韻開口 2 等並母字「151 白」・梗摂陌韻開口 2 等徹母字「152 拆」・梗摂陌

122

韻開口 2 等澄母字「153 宅」・梗摂麦韻開口 2 等見母字「154 隔」・通摂燭韻合口 3 等疑母字「168 玉」は、入声韻の用例である。

「91 鴨」は『大清文典』では「ア」である。杭州音系資料の『唐話纂要』・『南山俗語考』・『忠義水滸伝解』では「ヤ」である。南京官話系資料の『唐音雅俗語類』・『唐語便用』・『唐訳便覧』では「ヤツ」である。

「94 法」は『大清文典』では「フア」である。杭州音系資料の『唐話纂要』・『南山俗語考』では「ハ」である。南京官話系資料の『唐音雅俗語類』・『唐語便用』・『唐訳便覧』・『四書唐音弁』の「南京音」では「ハツ」である。

「95 十」は『大清文典』では「ジ」である。杭州音系資料の『唐話纂要』・『南山俗語考』・『忠義水滸伝解』では「ジ」である。南京官話系資料の『唐音雅俗語類』・『唐語便用』・『唐訳便覧』・『四書唐音弁』の「南京音」では「ジツ」である。

「100 八」は『大清文典』では「パ」である。杭州音系資料の『唐話纂要』・『南山俗語考』・『忠義水滸伝解』では「パ」である。南京官話系資料の『唐音雅俗語類』・『唐語便用』・『唐訳便覧』では「パツ」、『四書唐音弁』の「南京音」では「ハツ」である。

「111 月」は『大清文典』では「イユエ」である。杭州音系資料の『唐話纂要』・『忠義水滸伝解』では「エ」、『南山俗語考』では「イエ」である。南京官話系資料では「エツ」である。

「112 越」は『大清文典』では「イユエ」である。杭州音系資料の『唐話纂要』・『南山俗語考』では「エ」、『忠義水滸伝解』では「エ」である。南京官話系資料の『唐音雅俗語類』・『唐語便用』・『唐訳便覧』では「エツ」、『四書唐音弁』の「南京音」では「ユエツ」である。

「117 吉」は『大清文典』では「キ」である。杭州音系資料の『唐話纂要』・『南山俗語考』・『忠義水滸伝解』では「キ」である。南京官話系資料では「キツ」である。

「121 不」は『大清文典』では「ポ」である。杭州音系資料の『唐話纂要』では「プ」、『南山俗語考』・『南山俗語考』では「ポ」である。南京官話系資

本論　中国語カナ表記の音韻学的研究

料では「プツ」である。

　「125 弟」は『大清文典』では「フエ」である。杭州音系資料の『唐話纂
要』・『南山俗語考』では「ウエ」、『忠義水滸伝解』では「ウエ」である。南
京官話系資料の『唐語便用』・『唐訳便覧』・『四書唐音弁』の「南京音」では
「フエツ」である。

　「126 物」は『大清文典』では「ウエ」である。杭州音系資料の『唐話纂
要』・『南山俗語考』・『忠義水滸伝解』では「ウエ」である。南京官話系資料
では「ウエツ」である。

　「133 若」は『大清文典』では「ヂヤ」である。杭州音系資料の『唐話纂
要』・『南山俗語考』・『忠義水滸伝解』では「ジヤ」である。南京官話系資料
では「ジヨツ」である。

　入声韻尾について、『大清文典』と杭州音系資料の『唐話纂要』・『南山俗語
考』・『忠義水滸伝解』は無表記であるが、南京官話系資料は「ツ」で表記し
ている。

　以上、入声韻尾の表記から見ると、『大清文典』は杭州音系資料に類似して
いると思われる。

（2）止摂支韻合口 3 等穿昌母字「60 吹」

　「60 吹」について、『大清文典』は杭州音系資料の『唐話纂要』・『南山俗
語考』と同じく「チユイ」で表記している。

（3）止摂脂韻合口 3 等審書母字「63 水」

　「63 水」について、『大清文典』は杭州音系資料の『南山俗語考』・『四書
唐音弁』の「浙江音」と同じく「シユイ」で表記している。

（4）止摂脂韻合口 3 等見母字「64 愧」

　「64 愧」について、『大清文典』は杭州音系資料の『唐話纂要』・『忠義水
滸伝解』・『四書唐音弁』の「浙江音」と同じく「グイ」で表記している。

124

第 1 章　『大清文典』の中国語カナ表記について

(5) 臻摂没韻合口 1 等幇母字「121 不」

「121 不」について、『大清文典』は杭州音系資料の『南山俗語考』・『忠義水滸伝解』と同じく「ポ」で表記している。

(6) 通摂東韻合口 1 等影母字「163 甕」

「163 甕」について、『大清文典』は杭州音系資料の『唐話纂要』と同じく「ウヲン」で表記している。

5 まとめ

本節では、中国語音韻学の視点から頴川重寛によって付けられた『大清文典』の中国語カナ表記を検討した。

検討の方法は『大清文典』の全 168 例を中古音系の枠組みに投影し、4 種類 11 冊の近世訳官系唐音資料と比較するものである。

現代中国語の方言区画では、福州音と漳州音は共に閩語に属している。よって、福州音系資料と漳州音系資料を一括して考察した。『大清文典』を福州音系資料・漳州音系資料と比較すると、以下のような相違点が見られる。

①　福州音系資料・漳州音系資料はタ行破裂音「タ」・「テ」で舌上音知母・澄母を表記している。

②　舌上音知母・澄母のほか、相違点も見られる。声母・韻母別によってそれぞれ〔表 5〕と〔表 6〕に纏めた。

①・②の相違点からみれば、『大清文典』の性格は福州音系資料・漳州音系資料と異なっていると考えられる。

次に、『大清文典』を杭州音系資料・南京官話系資料と比較すると、南京官話系資料と異なり、杭州音系資料に類似しているところが数多く見られた。纏めると、次のようになる。

125

本論　中国語カナ表記の音韻学的研究

【声母】

①全濁声母（奉母・匣母を除く）

　『大清文典』は杭州音系資料と同じく濁音表記で全濁声母を表記している。対して南京官話系資料は清音表記で全濁声母を表記している。

②全濁声母の奉母

　『大清文典』は杭州音系資料と同じくアヤワ行で奉母を表記している。対して南京官話系資料はハ行で奉母を表記している。

③全濁声母の匣母

　『大清文典』は杭州音系資料と同じくアヤワ行で匣母を表記している。対して南京官話系資料はハ行で匣母を表記している。

【韻母】

①止摂開口舌・歯音（破裂音に限って）

　精組であれ、照組であれ、『大清文典』は杭州音系資料と同じく「㋡ウ」で匣母を表記している。対して南京官話系資料は、「㋡ウ」で精組、「㋑イ」で照組を表記している。

②薬韻

　『大清文典』は杭州音系資料と同じく「㋑ヤ（ツ）」で薬韻を表記している。対して南京官話系資料は「㋔ヨツ」で薬韻を表記している。

③入声韻尾

　『大清文典』は杭州音系資料の『唐話纂要』・『南山俗語考』・『忠義水滸伝解』と同じく無表記であるが、南京官話系資料は「ツ」で表記している。

　以上、声母・韻母別に列挙した類似点からみると、『大清文典』の中国語カナ表記は杭州音系統の唐音資料に近いのではないかと考えられる。

第4節　終りに

本章は『大清文典』という明治期中国語教科書を取り上げて検討したもの

126

である。

　第 1 節では、『大清文典』について全体的に概観した。

　『大清文典』は明治 10 年（1877）、刊行された中国語文法書であり、『文学書官話』の訓訳本である。『文学書官話』は中国語で書かれた最初の中国語口語文法書である。内容や構成などは『文学書官話』と殆ど一緒であり、『文学書官話』の体裁に即して訓点を施している。

　『大清文典』「第一章　論音（母）」と「第二章　論字」には、中国語の右側に中国語カナ表記が付けられている。「凡例」によると、中国語カナ表記は頴川重寛によって付けられたものである。頴川重寛は代々長崎唐通事の家系の出身であり、明治初期中国語教育の中心的な教師である。よって、頴川重寛によって付けられた中国語カナ表記を考察すれば、明治初期中国語教育の検討に役立つと思われる。

　第 2 節では、近世訳官系唐音資料の種類を検討した。

　江戸時代の資料を調査すると、近世日本に伝わった中国語は種類が多く、「南京」・「官話」・「杭州」・「浙江」・「福州」・「漳州」・「泉州」などの別がある。

　また、長崎唐通事の中国語音を反映する近世訳官系唐音資料は、有坂秀世（1938）・高松政雄（1985）・湯沢質幸（1987）・岡島昭浩（1992）指摘によると南京官話系資料と杭州音系資料の 2 種類に大きく分けられる。

　なお、『俀幼略記』はカナで「福州音」を記している。篠崎東海『朝野雑記』に所収された「長崎通事唐話会」はカナで「漳州話」を記している。

　よって、近世訳官系唐音資料は南京官話系資料・杭州音系資料・福州音系資料・漳州音系資料の 4 種類が挙げられると考えられる。

　第 3 節では、中国語音韻学の視点から頴川重寛によって付けられた『大清文典』の中国語カナ表記を検討した。

本論　中国語カナ表記の音韻学的研究

　検討方法は、『大清文典』の全168例を中古音系の枠組みに投影し、4種類11冊の近世訳官系唐音資料を比較するものである。

　現代中国語の方言区画では、福州音と漳州音は共に閩語に属している。よって、福州音系資料と漳州音系資料を一括にして考察した。『大清文典』を福州音系資料・漳州音系資料と比較すると、以下の相違点が見られる。

①　福州音系資料・漳州音系資料はタ行破裂音「タ」・「テ」で舌上音知母・澄母を表記している。

②　舌上音知母・澄母のほか、相違点も見られる。声母・韻母別によってそれぞれ〔表5〕と〔表6〕に纏めた。

　①・②のような相違点からみれば、『大清文典』の性格は福州音系資料・漳州音系資料と異なっていると考えられる。

　次に、『大清文典』を杭州音系資料・南京官話系資料と比較すると、南京官話系資料と異なり、杭州音系資料に類似しているところが数多く見られた。纏めると、次のようになる。

【声母】

①全濁声母（奉母・匣母を除く）

　『大清文典』は杭州音系資料と同じく濁音表記で全濁声母を表記している。対して南京官話系資料は清音表記で全濁声母を表記している。

②全濁声母の奉母

　『大清文典』は杭州音系資料と同じくアヤワ行で奉母を表記している。対して南京官話系資料はハ行で奉母を表記している。

③全濁声母の匣母

　『大清文典』は杭州音系資料と同じくアヤワ行で匣母を表記している。対して南京官話系資料はハ行で匣母を表記している。

【韻母】

128

第 1 章　『大清文典』の中国語カナ表記について

①止摂開口舌・歯音（破裂音に限って）

　精組であれ、照組であれ、『大清文典』は杭州音系資料と同じく「㋒ウ」で匣母を表記している。対して南京官話系資料は、「㋒ウ」で精組、「㋑イ」で照組を表記している。

②薬韻

　『大清文典』は杭州音系資料と同じく「㋑ヤ（ツ）」で薬韻を表記している。対して南京官話系資料は「㋑ヨツ」で薬韻を表記している。

③入声韻尾

　『大清文典』は杭州音系資料の『唐話纂要』・『南山俗語考』・『忠義水滸伝解』と同じく無表記であるが、南京官話系資料は「ツ」で表記している。

以上、声母・韻母別に列挙した類似点からみると、『大清文典』の中国語カナ表記は杭州音系統の唐音資料に近いのではないかと考えられる。

第 2 章　『日清字音鑑』における ng 韻尾の表記方法について

第 1 節　『日清字音鑑』について

1 『日清字音鑑』の概要

　『日清字音鑑』は明治期に出版された中国語教科書である。本書で取り扱ったものは国立国会図書館近代デジタルライブラリーによる。本書は扉と奥付があり、「緒言」9 頁、「索引目録」3 頁、本文 89 頁からなっている。

　扉には「日清字音鑑」という 5 文字が真中に書かれている。奥付には

　　　明治廿八年六月八日発行　編輯者伊澤修二　發行兼印刷者　竝木善道

とあり、明治 28 年（1895）6 月、伊沢修二によって編纂されたものである。

　本文の 1 頁目には「伊澤修二・大矢透同著　張滋昉閲」とあり、大矢透が同著者であり、張滋昉が校閲者である。

　本書の性格について「緒言」は次のように述べている。

　　　本書ハ、現今日清兩國ニ行ハルヽ字音ノ關係ヲ明ニシ、東亞ノ語學ニ志
　　　スモノヽ考究ニ附ス.其彙輯セル所ノ文字ハ、支那官話ニ普通ナルモノ、
　　　四千有餘ニシテ、之ヲ、我國從來慣用ノ字音ニ隨ヒ、五十音ノ順列ニ分
　　　類シテ、我普通ノ字音ニ由リ、直ニ彼字音ヲ索引スルノ便ヲ得シメ、聊
　　　カ彼我思想交通ノ用ニ資センコトヲ謀レリ。

　「其彙輯セル所ノ文字ハ、支那官話ニ普通ナルモノ、四千有餘ニシテ」とあるように、『日清字音鑑』は中国語の発音字引きであり、中国語の官話方言に使われる文字を 4 千余り収録している。

　「我國從來慣用ノ字音ニ隨ヒ、五十音ノ順列ニ分類シテ、我普通ノ字音ニ由リ、直ニ彼字音ヲ索引スルノ便ヲ得シメ」とあり、中国語の発音が引ける

本論　中国語カナ表記の音韻学的研究

よう、収録した文字に日本の「従来慣用ノ字音」を付けた。

　日本の「従来慣用ノ字音」とは何であるかについて、「緒言」には

　　　索引ニ用ヒタル字音ハ、大抵漢音ニ従ヒタレドモ、マヽ呉音ニ由レルモ
　　　ノアリ。故ニ索引ノ際、先ヅ記臆ノマヽ、漢音又ハ呉音ノ一方ニテ索メ、
　　　若シ得ザルトキハ、他ノ一方ニテ索ムベシ。

とあり、日本漢字音の漢音が中心となっているが、呉音も利用したことが述
べられている。

　中国語を注音する記号について、「緒言」では次のように述べている。

　　　著者ハ、今彼我兩國ノ音韻ヲ生理的言理學、即チ視話法ノ原理ニ照ラシ
　　　テ考究シ、我假字ニ附スルニ、若干ノ記號ヲ以テシ、猶ホ數個ノ合字ヲ
　　　作リテ、其不足ヲ補ヒ、又四聲ノ別ノ如キハ、更ニ言語上ニ考ヘテ、適
　　　宜ノ記號ヲ作リ、新ニ我國字ヲ以テ、彼字音ヲ表明スルノ法ヲ設ケタリ。
　　　然リト雖モ、著者ガ、彼語學ニ志スノ日、甚ダ淺ク、學習尚ホ未ダ至ラ
　　　ザルヲ以テ、舛誤謬妄ノ多キハ、素ヨリ自ラ覺悟スル所ナリ。大方ノ君
　　　子、希クハ是正ヲ賜ヘ。但羅馬字ヲ以テ、支那字音ヲ記スルノ法ハ、從
　　　來西人ノ用ヒ來レルモノヲ襲用シテ、更ニ改ムル所ナシ。（再掲）

　「著者ハ、今彼我兩國ノ音韻ヲ生理的言理學、即チ視話法ノ原理ニ照ラシ
テ考究シ、我假字ニ附スルニ、若干ノ記號ヲ以テシ、猶ホ數個ノ合字ヲ作リ
テ」・「但羅馬字ヲ以テ、支那字音ヲ記スルノ法ハ、從來西人ノ用ヒ來レルモ
ノヲ襲用シテ、更ニ改ムル所ナシ」とあるように、注音用の記号は「視話法
ノ原理」に照らして工夫した中国語カナ表記を中心としつつ、ローマ字綴り
も併記している。序論の〔図2〕を再掲すると、次のようになる。

134

第 2 章 『日清字音鑑』における ng 韻尾の表記方法について

〔図 2〕 『日清字音鑑』の見出（再掲）

〔図 2〕に示した中国語カナ表記について、「緒言」には

> 支那語音韻ノ原子ハ、上ニ列記スルガ如シト雖モ、彼ニ在リテハ、我國ノ語言ノ如ク、單一ノ母韻ヲ以テ終ルモノ、甚ダ少ク、大抵或ル種ノ子韻、又ハ重韻ヲ以テ終ルヲ常トス。而シテ彼國字音ハ、元ト反切法ニ依リテ組成セラルヽモノナレバ、自ラ音首ト音尾トニ分カタル。其音首ヲ、五十音ノ横列ニ照ラセバ、各其種類ニ依リ、一定ノ音尾ト連結スルノ法則アルコトヲ發見セリ。故ニ此ニ、前表ニ基ヅキ、各列ノ音尾ニ連結スベキ音尾ヲ掲ゲ、以テ其連結法ノ要領ヲ示スベシ。

とある。中国語音韻学の伝統的注音法の反切をヒントにして、中国語カナ表記を「音首」と「音尾」に分けている。以下、幾つか例を挙げる。

【音首】ア、カァ、イ、ティ、ウ、クゥ、エ、ケェ、オ、コォ
【音尾】イ、ン、ク゚、アイ、アオ、アン、アク゚

中国語カナ表記の発音について、「緒言」は次のように箇条書きで説明している。

ア 此音ハ、彼我互ニ異ナル所ナシ。

イ　此音モ、原ト彼我同一ナレトモ、支那語ニハ、此外一ノ間音「ィゥ」アリ。コレハ、「イ」ノ音ヲ發スルト同時ニ、口角ヲ窄メ、唇ヲ突出スルガ爲ニ、「ウ」ノ韻ヲ帶ブルモノナリ。故ニ「ィゥ」ノ合字ヲ以テ之ヲ表ス。

ウ　此音モ、彼我異ナル所ナシ。唯此音、彼語言ノ組成上、「ウクヽ」ノ場合ニ於テハ、「オ」ニ近キ韻トナル。又語尾ニ來ルトキハ、鼻音ヲ帶ビテ、些ノ變化ヲ呈スルコトアリ。

エ　此音モ、彼我同一ナレトモ、支那語ニハ、他ニ一ノ間音アリ。「ォェ」ノ合字ヲ以テ、之ヲ表ス、其音ハ「エ」ノ半開音ニシテ、少シク「オ」ノ韻ヲ帶ブルモノナリ。

オ　此モ、マタ彼我、殆ド同一ナレトモ、支那語ニハ、他ニ二ノ間音アリ。「ォァ」ト「ォゥ」トノ合字ヲ以テ、之ヲ表ス。甲ハ、「オ」ノ音ヲ發スルニ當リ、口形ヲ扁平ニシテ、「ア」ノ韻ヲ帶ビシメタルモノ、乙ハ、「ウ」ヲ發スルニ、殆ド「オ」ニ用フル口形ヲ假リタルモノト知ルベシ。英人ノ著書ニハ、「ォェ」「ォァ」「ォゥ」三者ノ場合ニ、イヅレモ皆êノ字ヲ用フレドモ、稍ゝ精確ヲ欠クモノヽ如シ。

　以上、『日清字音鑑』について概観した。『日清字音鑑』は明治28年（1895）6月に発行された中国語発音字引きである。筆頭編纂者は伊沢修二、同著者は大矢透、校閲者は張滋昉である。本書は官話方言に普通に使われる文字を4千余り収録している。ローマ字綴りとカタカナの両方で中国語の発音を表記している。カナ表記は「視話法ノ原理」に照らして工夫を凝らした。索引のため日本漢字音を付けている。

2 編纂者

（1）伊沢修二

『日清字音鑑』の筆頭編纂者の伊沢修二について、『国史大辞典』に所収された「伊沢修二」の項は次のように述べている。

伊沢修二　一八五一一一九一七　明治・大正時代の近代教育の開拓者。特に音楽教育と吃音矯正の領域において不動の地位をもつ。号は楽石。嘉永四年（一八五一）六月二十九日、信濃国伊那高遠城下（長野県上伊那郡高遠町）に下級士族伊沢文谷の長男として生まれた。伊沢多喜男はその末弟。藩学進徳館で洋学に接して頭角を現わし、明治三年（一八七〇）大学南校貢進生に選ばれた。同七年三月、愛知師範学校長に挙げられ、翌年七月には師範学科取調べのため高嶺秀夫・神津専三郎らとともに米国に留学し、ブリッジウォーター師範学校やハーバード大学で教育学や理化学などを修めた。この間メーソンから音楽を、グラハム＝ベルから視話法を学んだ。明治十一年五月に帰国し、同年十月体操伝習所主幹に、翌年三月東京師範学校長に、さらに同年十月音楽取調掛に任命され、教育行政官として、教員養成、体育・音楽教育、盲唖教育など未開拓の分野を精力的に開拓した。特にメーソンと協力して、日本の近代音楽の確立につとめるとともに、同十四年には『小学唱歌』初篇を編集発行して音楽教育の方向を定めた。なお十九年三月には、文部省編輯局長として教科書検定制度に尽力し、また模範教科書の編集出版も手がけた。さらに二十三年二月に東京音楽学校長、六月に東京盲唖学校長を兼ねる一方では、「国家教育社」（二十九年十二月大日本教育会と合併して帝国教育会となる）を創設して教育勅語の普及徹底をはかるなど、国家主義教育を鼓吹した。ついで官を辞し、同二十五年八月、「国立教育期成同盟会」を組織して小学校教育費国庫負担運動を全国的に展開し、二十七年六月には学政研究会を設けて学制改革を提唱した。翌二十八年、日清戦

争直後の新領土台湾に渡り、民政局学務部長として最初の植民地教育行政に手を染めその基礎を作った。翌年元旦、部下の学務部員たちがゲリラに斃れた「芝山巌事件」は有名である。明治三十年七月、再び職を辞したのちは勅選貴族院議員として、また高等教育会議議員として学制改革にあたり、なお三十二年八月東京高等師範学校長に任ぜられたが、翌年病気のため退官した。その後同三十六年三月、東京の小石川に「楽石社」をおこして視話法による吃音矯正の社会事業に着手し、これに晩年を捧げた。大正五年（一九一六）大陸にその応用を試みて成功し、翌六年五月三日、さらに米国に普及させようとする途中で急逝、東京の雑司ヶ谷墓地に葬られる。年六十七。法名大修院恒然無学居士。その思想の骨格は国家有機体説に基づく国家主義であったが、合理主義的な広い視野をもって一貫し、進化論の最初の訳出者（明治十二年『生種原子論』）としても注目される。また明治八年にはすでに『教授真法』の輯訳をとげ、同十五年にはわが国最初の『教育学』を刊行し、『学校管理法』その他の著書も多い。作曲の方面でも、代表的なものとして唱歌曲「紀元節」「来たれや来たれ」「皇御国（すめらみくに）」などがある。

　以上を纏めると、伊沢修二（1851－1917）は明治・大正期の教育家であり、教科書編纂・国家教育運動・師範教育・音楽教育・体育教育・盲唖教育・台湾をはじめとする植民地教育および中国語の言語研究・吃音矯正事業等に於いて先駆的業績を残した人物である。

　伊沢修二の著作について、『楽石伊沢修二先生』「五九　著書」によると、以下のように纏められる。

【教育に関するもの】

『教授真法』・『教育学』・『学校管理法』・『生理的心理新説』・『漢訳教育学』

【進化論に関するもの】

『生種原始論』・『進化原論』

【音楽に関するもの】

『小学唱歌』

【音韻に関するもの】

『視話法』・『視話応用音韻新論』・『視話応用国語正音法』・『視話応用東北発音矯正法』・『国定小学読本正読本』・『吃音矯正の原理と実際』・『吃音矯正練習書』・『東語初階』

【支那語に関するもの】

『日清字音鑑』・『同文新字典』・『支那語正音発微』・『支那語正音練習書』・『視話応用支那語正音韻鏡』

『日清字音鑑』が一連の著作の中でどのように位置づけられるかについて、『楽石自伝教界周遊前記』は次のように述べている。

　　余の音韻に関する最初の著述は日清字音鑑であつて、これは明治二十八年六月初版を出し三十三年七月第二版をだしてをる。

つまり、『日清字音鑑』は伊沢修二の最初の音韻研究書である。

　伊沢修二が誰から中国語を学んだかについて、『楽石自伝教界周遊前記』は次のように述べている。

　　然るに當時余は清國人張滋昉氏から支那語を學びつゝあつたが、自分が學ぶにも或は清國に行く人の爲にも、支那語の發音法が解らなくては困るからして、視話法の原理を應用して『日清字音鑑』といふ書物を著し、それが殆んど出来上る時であつたからして、旅行中にも其校正に従事した、

「然るに當時余は清國人張滋昉氏から支那語を學びつゝあつたが」とある

本論　中国語カナ表記の音韻学的研究

ように、張滋昉に中国語を教わっている。張滋昉は『日清字音鑑』の校閲者
である。

（2）大矢透

同著者の大矢透について、『国語学辞典』「大矢透」の項は次のように述べ
ている。

> 嘉永三年（一八五〇）―昭和三年（一九二八）。国語学者。幼名は又七郎。
> 号は蔦廼舎・水斎。新潟県中浦原郡根岸村字中高井に名主大矢辰次郎の
> 五男として生まれ、維新の役に出陣。のち学に志し、明治九年（一八七
> 五）新潟師範学校を卒業、山梨・茨城県に奉職、同十九年文部省に入り、
> 一時台湾総督付嘱託を命ぜられ、その後国語調査委員会委員となって、
> 特に仮名の研究に専念するに至り、明治末年から大正年間、多くの資料
> を踏査収集し、晩年までうむことを知らず、その研究に従事した。

そして、大矢透の業績について、『国語学辞典』「大矢透」の項は次のよう
に述べている。

> 明治三十六年（一九〇三）高嶺氏蔵『法華文句』の古訓点を見て、仮名
> の研究の志を起こし、終生これに没頭したが、その研究を著作上から大
> 別すれば、仮名遣・仮名字体の研究と国語音韻およびこれに伴う中国語
> 古韻の研究の二つになる。前者はその研究の中心となった古訓点調査の
> 成果で、『仮名遣及仮名字体沿革史料』およびその追補ともいうべき、『有
> 林福田方』『地蔵十輪経元慶点』『成実論天長点』『願経四分律古点』等が
> ある。後者には『古言衣延弁補考』（一名『古言衣延弁証補』明治四十年
> ＜一九〇七＞）を始め、『仮名源流考及証本写真』『周代古音考及韻徴』
> 『音図及手習詞歌考』『韻鏡考』等があり、これらの述作によって、わが
> 国の古代の仮名は中国の周代以前の古音と一致すること、わが延喜以前

140

には国語構成の音節数が四八の時代があって、ア行・ヤ行のエ音を区別していたこと、したがって、『いろは歌』は平安末の作で、空海の作でないこと等を確証し、さらに五十音図の起源、反切の起源、「止」「川」の仮名、『韻鏡』の解釈等についても、新説を発表した。大正五年（一九一六）仮名の研究に対して、帝国学士院より恩賜賞を授けられ、同十四年論文『仮名の研究』により文学博士の学位を得た。彼の実地研究によって新たに訓点語学への道が開かれ、国語史、特に文字・音韻および訓詁の方面に寄与した功績は大きい。その他『語格指南』『国語溯源』『日本文典課本』『語学指南』等の国語教育書、童話『わづかのこらへ』がある。晩年は文人画をたしなんだ。

　上記を纏めると、大矢透（1850—1928）は明治・大正時代の国語国文学者であり、大正5年（1916）帝国学士院恩賜賞受賞者である。文部省国語調査委員として、仮名字体の歴史的変遷の研究を中心とし、古訓点・万葉仮名・五十音図・いろは歌・『韻鏡』の研究に業績を残している。著書に『仮名遣及仮名字体沿革史料』・『韻鏡考』・『隋唐音図』・『音図及手習詞歌考』などがある。
　また、大矢透と伊沢修二の人間関係について、『国語と国文学』（5巻7号）に所収された「大矢博士自伝」は次のように述べている。

　　自分は中學校教諭が廢官となつたので上京した。當時田中東作といふ人が、教育に關する圖書を刊行する普及社の主筆で、自分は豫て知合であつたが、此人が當時文部省の教育局長といつたやうな地位であつた伊澤修二氏に紹介してくれて、この伊澤氏の手で明治十九年十二月、文部省雇編修局詰を命せられ月給三十圓給與せられた。同廿年十二月には文部屬に任じ判任官六等に叙せられ、廿三年六月總務局詰を命ぜられ、廿四年三月非職となり、廿七年三月非職満期となつた。（筆者注：中略）
　　自分が文部省から非職となつた當時、伊澤氏は既に文部省を去つて教育

本論　中国語カナ表記の音韻学的研究

　　學館の館長となり、大日本圖書株式會社にも關係してゐた。この會社は
　　主として教育・學校教科書の圖書出版事業を經營した。自分は豫て此會
　　社から讀本類を出版してゐた緣故と、伊澤氏の關係とにより、同會社の
　　社員となり、專ら教科書の編纂に從事した。

　田中東作の紹介で伊沢修二に出会い、伊沢修二の部下として文部省に務めて
いた。そして、文部省非職後、伊沢修二の縁により大日本図書株式会社に
務めたということである。

（3）張滋昉

　「緒言」は執筆分担について次のように述べている。

　　又四聲ノ別ハ、一々張滋昉先生ノ校定ヲ經タルモノナレバ、庶幾クハ烟
　　鹽鬼貴ノ誤少カランカ。茲ニ特記シテ、先覚者ノ勞ヲ謝ス。

　「又四聲ノ別ハ、一々張滋昉先生ノ校定ヲ經タルモノナレバ」とあるよう
に、校閲者の張滋昉は声調の校正を担当している。
　張滋昉の経歴について、増澤彰夫（1993）は次のように述べている。

　　張滋昉は道光己亥（十九）年十一月、順天府大興県に生まれ、国子監南
　　学に学ぶ。明治九年副島種臣と交際を結び、また、曽根俊虎の中国滞在
　　（明治九年二月〜十一年一月）中に北京官話を教授する。明治十二年春、
　　来日し長崎に滞在。十三年春、東京に到り、曽根俊虎宅に寄寓。二月、
　　興亜会支那語学校教師に就任、一時期（十三年九月〜十一月）、慶応義塾
　　支那語科講師も勤め、十五年五月十四日興亜会支那語学校閉校にとまな
　　い、同月十六日、文部省東京外国語学校漢語学講師に転ず。十九年同校
　　廃校により退任。二十二年より二十七年迄帝国大学文科大学漢語学講師、
　　二十三年文部省東京高等商業学校嘱託支那語学講師を歴任する。初代琳

142

瑯閣主人の回想によれば、日清戦争後帰国したという。著書に明治二十八年大日本実業学会刊『支那語』（大日本実業学会普通商科講義録第五十五冊）張滋昉・林久昌共著があり、校閲したものに、明治十八年七月昇栄堂刊『英清会話独案内』田中正程訳、明治十八〜二十一年大成館刊『明治字典』重野安繹総閲、北京音磯部栄太郎・張滋昉校閲、明治二十八年嵩山堂刊『日清字音鑑』・伊沢修二、大矢透著がある。張滋昉は、日清戦争以前の十五年間余りの長きにわたり、日本の中国語教育を支えた中国人中国語教師であった。

　以上、『日清字音鑑』の編纂者を検討した。編纂者3人の人間関係について、筆頭編纂者の伊沢修二は校閲者の張滋昉に中国語を教わった。同著者の大矢透は伊沢修二の部下として文部省に務め、文部省非職後、伊沢修二の縁により大日本図書株式会社に務めた。

3　体裁

　『韻鏡』における張隣之の「韻鏡序作」の割注には

　　旧ハ翼祖ノ諱敬ナルヲ以テノ故ニ韻鑑ト為ル。今祧廟ニ遷ス、覆本名ニ従フ（筆者注：『寛永五年板韻鏡』の訓点による）

とある。『韻鏡』は「鏡」が宋太祖の祖父の諱「敬」と同音であることから、憚って一時期『韻鑑』と呼ばれたことがある。

　『日清字音鑑』は「字音鑑」を名乗っている。そして、本節の「1『日清字音鑑』の概要」で述べたように、『日清字音鑑』は中国語音韻学の伝統的注音法の反切によって字音を「音首」と「音尾」に分けている。そこで、体裁の面から『日清字音鑑』と『韻鏡』の関連性を検討してみる。

　本節で使用した『韻鏡』のテキストは『寛永五年板韻鏡』（勉誠社1977年影印本、鈴木真喜男解説）による。

本論　中国語カナ表記の音韻学的研究

（1）　図示

『韻鏡』は諸音間の関係を図示する字音一覧表である。『日清字音鑑』も、同じく図で字音を示す一覧表である。

（2）　声調

『韻鏡』は、1 枚の転図で上下の方向は韻母の欄である。韻母の欄は声調の平・上・去・入によって 4 段に分かれており、それぞれ、「平声」・「上声」・「去声」・「入声」である。

『日清字音鑑』は、1 枚の表で上下の方向を声調によって 4 段に分けている。それぞれ「上平」・「下平」・「上声」・「去声」である。

（3）　配列

『日清字音鑑』の「緒言」には

索引ニ用ヒタル字音ハ、大抵漢音ニ従ヒタレドモ、マヽ呉音ニ由レルモ
ノアリ。故ニ索引ノ際、先ヅ記臆ノマヽ、漢音又ハ呉音ノ一方ニテ索メ、
若シ得ザルトキハ、他ノ一方ニテ索ムベシ。（再掲）

とあり、索引のため日本漢字音（呉音・漢音）を付けている。漢字の日本漢字音は表の上の欄に記されている。例えば、「阿・鴉・啞・瘂・窪・亞」と「家・傢・嫁・嘉・加・枷・佳・葭・茄・蝦・何・河・假・可・嫁・價・架・駕・賀・夏・鰕・蝦・哥・歌・坷・荷・瑕・暇・霞・下・箇・個」はそれぞれ「ア」欄と「カ」欄に纏まった。つまり、「阿」などの 6 個の漢字と「家」などの 32 個の漢字はその漢字音がそれぞれ「ア」と「カ」である。

以下、『日清字音鑑』がどのような順で日本漢字音を配列しているか、そして、配列は『韻鏡』とどのように関連しているかについて検討していきたい。

144

第 2 章 『日清字音鑑』における ng 韻尾の表記方法について

①韻尾

『韻鏡』は韻尾が共通である近い韻を一括して、「切韻」系韻書の「二百六韻」を「十六摂」に分けている。

転図の 1・2 枚目は「通摂」、3 枚目は「江摂」、4 枚目から 10 枚目までは「止摂」、11・12 枚目は「遇摂」、13 枚目から 16 枚目までは「蟹摂」、17 枚目から 20 枚目までは「臻摂」、21 枚目から 24 枚目までは「山摂」、25・26 枚目は「効摂」、27・28 枚目は「果摂」、29・30 枚目は「仮摂」、31・32 枚目は「宕摂」、33 から 36 枚目は「梗摂」、37 枚目は「流摂」、38 枚目は「深摂」、39・40・41 枚目は「咸摂」、42・43 枚目は「曽摂」である。

『日清字音鑑』は日本漢字音の韻尾が共通なものを統括し、1 つの表に纏めている。

1 頁から 14 頁までは 1 枚目である。1 枚目は「ア」・「カ」・「ガ」・「サ」・「ザ」・「タ」・「ダ」・「ナ」・「ハ」・「バ」・「マ」・「ヤ」・「ラ」・「イ」・「キ」・「ギ」・「シ」・「ジ」・「チ」・「ヂ」・「ヒ」・「ビ」・「ミ」・「リ」・「ヰ」・「ウ」・「ク」・「グ」・「フ」・「ブ」・「ム」・「ユ」・「ル」・「オ」・「ヲ」・「コ」・「ゴ」・「ソ」・「ト」・「ド」・「ホ」・「ボ」・「モ」・「ヨ」・「ロ」の直音単音節を収録している。直音のゼロ韻尾であろう。

15 頁目から 17 頁までは 2 枚目である。2 枚目は「シヤ」・「ジヤ」・「シユ」・「ジユ」・「チユ」・「ヂユ」・「キヨ」・「ギヨ」・「シヨ」・「ジヨ」・「チヨ」・「ヂヨ」・「リヨ」・「クワ」・「グワ」の拗音単音節を収録している。拗音のゼロ韻尾であろう。

18 頁から 26 頁までは 3 枚目である。3 枚目は「アイ」・「カイ」・「ガイ」・「クワイ」・「グワイ」・「サイ」・「ザイ」・「タイ」・「ダイ」・「ハイ」・「バイ」・「マイ」・「ライ」・「ワイ」・「エイ」・「ケイ」・「ゲイ」・「セイ」・「ゼイ」・「テイ」・「デイ」・「ネイ」・「ヘイ」・「ベイ」・「メイ」・「レイ」・「スヰ」・「ズヰ」・「ツヰ」・「ルヰ」の複音節を収録している。韻尾「イ」・「ヰ」が共通している。

27 頁から 41 頁までは 4 枚目である。4 枚目は「アン」・「カン」・「ガン」・「ク

本論　中国語カナ表記の音韻学的研究

ワン」・「グワン」・「サン」・「ザン」・「タン」・「ダン」・「ナン」・「ハン」・「バ
ン」・「マン」・「ラン」・「ワン」・「イン」・「ヰン」・「キン」・「ギン」・「シン」・
「ジン」・「シユン」・「ジユン」・「チン」・「ヒン」・「ビン」・「ミン」・「リン」・
「エン」・「ケン」・「ゲン」・「セン」・「ゼン」・「テン」・「デン」・「ネン」・「ヘ
ン」・「ベン」・「メン」・「レン」・「ウン」・「クン」・「グン」・「スン」・「スン」・
「フン」・「ブン」・「オン」・「ヲン」・「コン」・「ゴン」・「ソン」・「トン」・「ド
ン」・「ホン」・「ボン」・「モン」・「ロン」の撥音複音節を収録している。韻尾
「ン」が共通している。

　42 頁から 63 頁までは 5 枚目である。5 枚目は「アウ」・「アフ」・「ワウ」・「オ
ウ」・「カウ」・「カフ」・「コウ」・「クワウ」・「ガウ」・「サウ」・「サフ」・「ザフ」・
「ソウ」・「タウ」・「ダウ」・「タフ」・「トウ」・「ドウ」・「ノウ」・「ナウ」・「ナ
フ」・「ハウ」・「バウ」・「ホウ」・「ボウ」・「マウ」・「モウ」・「ヨウ」・「ヤウ」・
「エウ」・「エフ」・「ラウ」・「ラフ」・「ロウ」・「クウ」・「グウ」・「スウ」・「ツ
ウ」・「フウ」・「ユウ」・「イウ」・「イフ」・「キヤウ」・「キヨウ」・「ギヨウ」・「ケ
ウ」・「ゲウ」・「ケフ」・「シヤウ」・「ジヤウ」・「ショウ」・「ジョウ」・「セウ」・
「セフ」・「チヤウ」・「ヂヤウ」・「テウ」・「テフ」・「ネフ」・「ヒヤウ」・「ビヤ
ウ」・「ヒヨウ」・「ビヨウ」・「ヘウ」・「メウ」・「リヤウ」・「リヨウ」・「レウ」・
「レフ」・「キウ」・「ギウ」・「キフ」・「シウ」・「ジウ」・「シフ」・「ジフ」・「チ
ウ」・「ヂウ」・「ニウ」・「ニフ」・「リウ」・「リフ」の長音音節を収録している。
韻尾「ウ」・「フ」が共通している。

　65 頁から 75 頁までは 6 枚目である。6 枚目は「アク」・「カク」・「ガク」・「ク
ワク」・「サク」・「タク」・「ダク」・「ハク」・「バク」・「マク」・「ヤク」・「ラク」・
「ワク」・「イク」・「キク」・「シユク」・「ジユク」・「ジク」・「チク」・「ヂク」・
「ニク」・「リク」・「フク」・「オク」・「コク」・「ゴク」・「ソク」・「ゾク」・「ホ
ク」・「ボク」・「モク」・「ヨク」・「トク」・「ドク」・「ロク」・「キヨク」・「ギヨ
ク」・「シヨク」・「ジヨク」・「チヨク」・「ヒヨク」・「リヨク」・「キヤク」・「ギ
ヤク」・「シヤク」・「ジヤク」・「チヤク」・「ミヤク」・「リヤク」を収録してい
る。韻尾「ク」が共通している。

146

第2章 『日清字音鑑』における ng 韻尾の表記方法について

　77 頁から 79 頁までは 7 枚目である。7 枚目は「シキ」・「ヒキ」・「エキ」・「ゲキ」・「セキ」・「テキ」・「デキ」・「ヘキ」・「ベキ」・「レキ」を収録している。韻尾「キ」が共通している。

　81 頁から 89 頁までは 8 枚目である。8 枚目は「アツ」・「カツ」・「クワツ」・「グワツ」・「サツ」・「ザツ」・「タツ」・「ダツ」・「ナツ」・「ハツ」・「バツ」・「マツ」・「ラツ」・「イツ」・「キツ」・「シツ」・「ジツ」・「シュツ」・「ジュツ」・「チツ」・「ヒツ」・「ミツ」・「リツ」・「ウツ」・「クツ」・「フツ」・「ブツ」・「エツ」・「ケツ」・「ゲツ」・「セツ」・「ゼツ」・「テツ」・「デツ」・「ヘツ」・「ベツ」・「メツ」・「レツ」・「オツ」・「コツ」・「ソツ」・「トツ」・「ボツ」を収録している。韻尾「ツ」が共通している。

②三十六声母と五十音行

　『韻鏡』は 1 枚の転図で、左右の方向は声母の欄であり、声母はいわゆる子音である。声母の欄で右から左へと、それぞれ「三十六字母」の「幫母」・「滂母」・「並母」・「明母」・「非母」・「敷母」・「奉母」・「微母」・「端母」・「透母」・「定母」・「泥母」・「知母」・「徹母」・「澄母」・「嬢母」・「見母」・「溪母」・「群母」・「疑母」・「精母」・「清母」・「従母」・「心母」・「邪母」・「照母」・「穿母」・「牀母」・「審母」・「禅母」・「影母」・「暁母」・「匣母」・「喩母」・「来母」・「日母」を配列している。

　『日清字音鑑』は 1 枚の表で、五十音行いわゆる子音の順で左右に配列している。例えば、以下のとおりである。

　1 枚目は右から左へとそれぞれ「ア」・「カ」・「ガ」・「サ」・「ザ」・「タ」・「ダ」・「ナ」・「ハ」・「バ」・「マ」・「ヤ」・「ラ」などである。

　2 枚目は右から左へとそれぞれ「シヤ」・「ジヤ」・「シユ」・「ジユ」・「チユ」・「ヂユ」などである。

　3 枚目は右から左へとそれぞれ「アイ」・「カイ」・「ガイ」・「クワイ」・「グワイ」・「サイ」・「ザイ」・「タイ」・「ダイ」・「ハイ」・「バイ」・「マイ」・「ライ」・「ワイ」などである。

147

本論　中国語カナ表記の音韻学的研究

　4 枚目は右から左へとそれぞれ「アン」・「カン」・「ガン」・「クワン」・「グ
ワン」・「サン」・「ザン」・「タン」・「ダン」・「ナン」・「ハン」・「バン」・「マン」・
「ラン」・「ワン」などである。

③等位と五十音列

　『韻鏡』では 1 枚の転図で上下の方向は韻母の欄である。韻母の欄は主母
音の舌の最後部の高低によって「一等」・「二等」・「三等」・「四等」に分けて
いる。例えば、「東」は 1 等字、「中」は 3 等字である。3 等字「中」の主母
音の舌の最後部は 1 等字「東」より高い。

　『日清字音鑑』は 1 枚の表で、五十音列いわゆる母音の順で前後に配列し
ている。例えば、次のとおりである。

　1 頁から 14 頁までは表の 1 枚目である。1 頁から 5 頁までは「ア」・「カ」・
「ガ」・「サ」・「ザ」・「タ」・「ダ」・「ナ」・「ハ」・「バ」・「マ」・「ヤ」・「ラ」の
ア列音を配列している。5 頁から 9 頁までは「イ」・「キ」・「ギ」・「シ」・「ジ」・
「チ」・「ヂ」・「ヒ」・「ビ」・「ミ」・「リ」・「ヰ」のイ列音を配列している。10
頁から 11 頁までは「ウ」・「ク」・「グ」・「フ」・「ブ」・「ム」・「ユ」・「ル」のウ
列音を配列している。11 頁から 14 頁までは「オ」・「ヲ」・「コ」・「ゴ」・「ソ」・
「ト」・「ド」・「ホ」・「ボ」・「モ」・「ヨ」・「ロ」のオ列音を配列している。

　このように、『日清字音鑑』は 1 枚の表でア列・イ列・ウ列・エ列・オ列の
順で前後に配列している。

　以上、図示・声調・配列からみると、体裁において『日清字音鑑』は『韻
鏡』に似ているのではないかと思われる。

4　注音用の記号

　『日清字音鑑』は中国語発音字引きである。注音用の記号について、「緒言」
は次のように述べている。

148

著者ハ、今彼我兩國ノ音韻ヲ生理的言理學、即チ視話法ノ原理ニ照ラシテ考究シ、我假字ニ附スルニ、若干ノ記號ヲ以テシ、猶ホ數個ノ合字ヲ作リテ、其不足ヲ補ヒ、又四聲ノ別ノ如キハ、更ニ言語上ニ考ヘテ、適宜ノ記號ヲ作リ、新ニ我國字ヲ以テ、彼字音ヲ表明スルノ法ヲ設ケタリ。然リト雖モ、著者ガ、彼語學ニ志スノ日、甚ダ淺ク、學習尚ホ未ダ至ラザルヲ以テ、舛誤謬妄ノ多キハ、素ヨリ自ラ覺悟スル所ナリ。大方ノ君子、希クハ是正ヲ賜ヘ。但羅馬字ヲ以テ、支那字音ヲ記スルノ法ハ、從來西人ノ用ヒ來レルモノヲ襲用シテ、更ニ改ムル所ナシ。（再掲）

「著者ハ、今彼我兩國ノ音韻ヲ生理的言理學、即チ視話法ノ原理ニ照ラシテ考究シ、我假字ニ附スルニ、若干ノ記號ヲ以テシ、猶ホ數個ノ合字ヲ作リテ」・「但羅馬字ヲ以テ、支那字音ヲ記スルノ法ハ、從來西人ノ用ヒ來レルモノヲ襲用シテ、更ニ改メル所ナシ」とあるように、注音用の記号は「視話法ノ原理」に照らして工夫した中国語カナ表記を中心としつつ、ローマ字綴りも併記している。序論の〔図2〕を再掲すると、次のようになる。

〔図2〕　『日清字音鑑』の見出（再掲）

〔図2〕に示したように、漢字の左側にローマ字綴り、右側に中国語カナ表記が付いている。以下、注音用のローマ字綴りや中国語カナ表記などについて検討していきたい。

4.1　ウェード式ローマ字綴り

「緒言」に「但羅馬字ヲ以テ、支那字音ヲ記スルノ法ハ、從来西人ノ用ヒ

本論　中国語カナ表記の音韻学的研究

來レルモノヲ襲用シテ、更ニ改メル所ナシ」とあるように、『日清字音鑑』は
ローマ字綴りで中国語を表記している。

　『日清字音鑑』に使われたローマ字綴りについて、『視話応用清国官話韻鏡
音字解説書』「自序」は次のように述べている。

　　曩時英人威徳氏ハ其ノ著自邇集に於テ羅馬字ニ諸種ノ記號ヲ附シ強テ其
　　ノ發音ヲ表セントシ本邦ノ鄭氏ハ我片仮名ニ若干ノ符號ヲ施シ以テ記音
　　ノ便ヲ計ラントセシコトアルモ單ニ異邦固有ノ文字ヲ假リテ支那音韻ヲ
　　表記スルハ到底不可能ノ事タルヲ以テ其ノ結果ノ不妥當ニ終リシハ怪ム
　　ニ足ラザルナリ近年清人王照氏ガ漢字ノ省畫ニ依リテ新字ヲ製シコレヲ
　　音標ニ取用セシ如キ其ノ創意佳ナラザルニ非ズト雖モ惜哉彼モト音韻ノ
　　理法ニ通ゼザルヲ以テ謬妄不稽ノ弊ニ陷リ終ニ完全ノ結果ヲ收ムルコト
　　能ハザリキ余ハ明治二十七年ニ於テ日清字音鑑ヲ著シ當時主トシテ威徳
　　氏ノ羅馬字記音法ニ則リ更ニ我片假名ニ若干ノ記號ヲ施シテコレヲ併取
　　シタリシガ其ノ後ノ經驗ニヨリ羅馬字モ片假名モ共ニ此ノ目的ニ適セザ
　　ルコトヲ發見セリ（筆者注：下線は筆者）

　「余ハ明治二十七年ニ於テ日清字音鑑ヲ著シ當時主トシテ威徳氏ノ羅馬字
記音法ニ則リ」とあるように、ローマ字綴りはウェード式ローマ字綴りであ
る。

　ウェード式ローマ字綴りはイギリスの中国駐在公使のトーマス・ウェード
（Thomas Francis Wade、1818－1895）が著書『Yü Yen Tzǔ êrh Chi』（1867年
初版）で使ったローマ字表記法である。本書で取り扱ったものは『中国語教
本類集成』（第3集第1巻）に復刻された『Yü Yen Tzǔ êrh Chi』（再版）によ
る。

　『Yü Yen Tzǔ êrh Chi』の扉には次のような記述がある。

A PROGRESSIVE COURSE DESIGNED TO ASSIST THE STUDENT OF

第 2 章　『日清字音鑑』における ng 韻尾の表記方法について

COLLOQUIAL CHINESE AS SPOKEN IN THE CAPITAL AND THE
METROPOLITAN　DEPARTMENT

「AS SPOKEN IN THE CAPITAL」とあることから、記載された音系は「北
京官話」である。

　第 1 章「PRONUNCIATION」の説明によると、ウェード式ローマ字綴りの
声・韻・調体系は次のように纏められる。

　　声：

唇　　　音：	p	p'	m	f

唇　　　音：	p	p'	m	f
舌 尖 前 音 ：	ts	ts'	s	
	tz	tz'	ss	
舌 尖 中 音 ：	t	t'	n	l
舌 尖 後 音 ：	ch	ch'	sh	j
舌 面 前 音 ：	ch	ch'	hs	
舌 面 後 音 ：	k	k'	ng	h
［0］　　　：	y	w		

　　韻：

開口呼	斉歯呼	合口呼	撮口呼
	i	u	ü
a	ia	ua	
o	io	uo	üo
ê	ieh		üeh
êrh			
ǔ			
ih			
ai	iai	uai	
êi/ei		uei/ui	

151

ao	iao		
ou	iu		
an	ien	uan	üan/üen
ên	in	uên /un	ün
ang	iang	uang	
êng	ing		
		ung	iung

調 :

陰平　□1　　　陽平　□2　　　上声　□3　　　去声　□4

　声母は 27 個であり、利用する記号は 25 個である。舌尖後音の「ch」・「ch'」と舌面前音「ch」・「ch'」のローマ字綴りは一緒であり、相補分布の条件異音である。舌尖後音の「ch」・「ch'」は開口呼・合口呼韻母、舌面前音「ch」・「ch'」は斉歯呼・撮口呼韻母としている。

　韻母は 40 個であり、開口呼 14 個・斉歯呼 12 個・合口呼 9 個・撮口呼 5個からなっている。

　声調は 4 個である。ローマ字綴りの右上に数字を記入することによって表記している。

4.2　視話法に照らして工夫した記号

　「緒言」には「著者ハ、今彼我兩國ノ音韻ヲ生理的言理學、即チ視話法ノ原理ニ照ラシテ考究シ、我假字ニ附スルニ、若干ノ記號ヲ以テシ、猶ホ數個ノ合字ヲ作リテ、其不足ヲ補ヒ」とあり、『日清字音鑑』は「視話法ノ原理」に照らしてカナを工夫している。

　「視話法」の定義について、伊沢修二『視話法』は次のように述べている。

　　視話法トハ，何ゾヤ。視話法トハ，人類發音ノ理ヲ攻究シテ，人體中特ニ發音ニ關スル諸器，即チ發音器ノ位置ニ基ヅキ，若干ノ音字ノ原子ヲ

> 作リ，之ヲ結合シテ，各種ノ音韻ヲ表明記載スル所ノ學術ナリ。之ヲ視話法ト稱スル所以ハ，斯ノ如ク原子ヲ結合シテ作リタル音字ヲ見ル時ハ，一目ノ下，明ニ其發スル音韻ノ何タルヲ知リ得ル故ナリ。又一ニ之ヲ萬國普通音字學ト稱ス。其所以ハ，此字音ニヨルトキハ，世界何レノ國語ノ音韻ニテモ悉ク記シ得ルヲ以テナリ。又或ハ之ヲ生理的音字學ト云フ。其理由ハ，モトコノ音字ヲ製作スルハ，生理上ノ原理ニ準據シ來レルニヨルナリ。

「又一ニ之ヲ萬國普通音字學ト稱ス」とあるように「視話法」は当時の音声学であると考えられる。

「之ヲ視話法ト稱スル所以ハ，斯ノ如ク原子ヲ結合シテ作リタル音字ヲ見ル時ハ，一目ノ下，明ニ其發スル音韻ノ何タルヲ知リ得ル故ナリ」とあるように、視話法とは視話文字を見ることによってその発音がわかる音声学であると考えられる。

また、伊沢修二『視話法』は「視話法」の発明について次のように述べている。

> 此法ヲ發明セシハ，誰ナルカ。此法ヲ發明セシハ，大英國蘇格蘭士ノ人，あれきざんだー，めるびる，べるトイフ人ナリ。此人ハ，能辯學者ニシテ，啞子吃子抔ノ發音ヲ研究セシ人ナリガ，千八百四十九年頃ヨリ，世界普通ノ音字ヲ工夫センコトヲ心掛ケ，千八百六十年，歐羅巴諸國ノ語學者，墺地利ノ首府維納ニ，萬國普通文字制定會ニ列シ，三週日ニシテ，終ニ其記號ノ無數ナルヲ發見シ到底成ス可ラザルモノト決シ，散會セシガ，當時獨逸ニテハ，唇讀ミト云フコト行ハレ始メタルヲ見テ，此會ヨリ歸リ，一層奮勵シテ，發音器ノ符牒ヲ工夫シ，之ヲ結合シテ，音字ヲ大成シ，其適用ノ正確ニシテ，他ニ其比類ヲ見ザル程ノ成績ヲ得テ，大ニ世人ヲ驚カシメタリ。

本論　中国語カナ表記の音韻学的研究

　「視話法」は 1860 年頃イギリス人アレクサンダー・メルヴィル・ベル（Alexander Melville Bell,1819-1905）によって発明されたものである。

　伊沢修二『視話法』は、伊沢修二の視話法に出会った経緯について次のように述べている。

　　千八百七十八年，米國ノひらでるひあ府ニ，百年期萬國博覽會ノ開カレタルトキ，會場中まっさちゅーせっつ州ノ教育部ニツキテ閲覧セシニ，一種異様ノ字形ヲ記セル掛圖アルヲ見，ソノ何タルヲ委員ニ問ヒシニ，之ハ，啞子ニ英語ヲ教ユルノ方法ヲ示セルモノナリト答ヘタリ。依リテ，ソノ發明者ヲ問ヒタルニ，ぼすとん府ニ，あれきざんだー.ぐらーむ.べるトイフ人アリ,常ニ此法ヲ傳習シ居レバ,往テ聞カルベシト教ヘラレキ。（筆者注：中略）ぼすとんニ至リ,一日べる氏ヲ訪ヒテ,ソノ志望ヲ告ゲシニ,べる氏ハ,大ニ喜ンデ之ヲ諾シ,余ヲシテ或ハ讀本ノ二三節ヲ讀マシメ,直ニ視話法音字ヲ以テ,其發音ヲ記シ終リ,べる氏自ラ其寫シ取シ音字ニ依リ,我發音ノ如ク讀過セリ。（筆者注：中略）コヽニ於テ,余益々コノ法ノ,外國語ヲ學習スルニ必要ナルヲ感ジ,遂ニ同氏ニ就テ,其直傳ヲ受ケ,數週間ノ後,不十分ナガラモ,マヅ米人ニ會得シ得ラルヽガ如ク,眞個ノ英語音ヲ發シ得ルニ至レリ。

　伊沢修二はアメリカに留学中（1875 年 9 月前後から 1877 年 7 月まで、アメリカのマサチューセッツ州ブリッジウォートル師範学校）、アレクサンダー・グラハム・ベル（Alexander Graham Bell, 1847-1922）から英語の発音矯正のために視話法を学んだ。

　『日清字音鑑』は視話法の原理に照らしてカナを工夫している。『日清字音鑑』の「緒言」の説明によると、次のようなものがある。

（1）記号「。」

　記号「。」について、「緒言」は次のように説明している。

154

第2章　『日清字音鑑』における ng 韻尾の表記方法について

著者ハ、本書中、無聲ノ呼息、即チ出氣音ヲ表スルニハ、總テ「。」ヲ用ヒヒタリ。コレ視話法ノ原理ニ依ルニ、喉頭ノ聲帶ヲ開キテ呼息ヲナストキハ、無聲ナルヲ以テ、之ヲ表スルニ、「。」形ヲ用フルヲ適當ナリトスレバナリ。

「無聲ノ呼息、即チ出氣音ヲ表スルニハ」とあるように、「。」は喉から無声の呼気を表している。具体例で示せば、以下のように中国語の「有気音」も表し、舌面前音「hs」と舌面後音「'h」の発音前の無声気流も表している。

有気音

p'a・怕・パ。ァ	p'ai・派・パ。アイ	ts'a・擦・ツ。ァ
ts'ao・草・ツ。アオ	k'ai・開・カ。アイ	k'an・看・カ。アン

舌面前音「hs」の無声気流

hsi・洗・・。シィ	hsia・下・・。シィア	hsiao・削・・。シィアオ
hsieh・血・・。シィエ	hsin・心・・。シィン	hsiung・熊・・。シィゥク・

舌面後音「'h」の無声気流

'hai・海・・。ハアイ	'han・罕・・。ハアン	'hang・行・・。ハアク・
'hei・黒・・。ヘエイ	'hu・虎・・。ホゥ	'hua・化・・。ホゥア

(2) 記号「｜ツ」

記号「｜」について、「緒言」は次のように説明している。

「チ」ノ原音ハ、彼我、相同ジカラズ。支那語ニ於テハ、此音ヲ發スルニ、日本語ニ比スレバ、其舌頭ヲ遙カ上腭ノ後部ニ置クヲ以テ、「ツ」ニ似タル音ヲ發ス。故ニ「｜ツ」字ヲ以テ之ヲ表ス。コレ亦視話法ノ原理ニ依リ、左傍ニ、縦線ヲ施シテ、舌頭ノ位置、後部ニ至ルヲ示シタリ。

本論　中国語カナ表記の音韻学的研究

　「コレ亦視話法ノ原理ニ依リ、左傍ニ、縦線ヲ施シテ、舌頭ノ位置、後部ニ至ルヲ示シタリ。」とあるように、記号「｜ツ」の「｜」は舌位を後ろにする働きを持っている。記号「｜ツ」の具体例を示すと、次のように舌尖後音「ch」系を表している。

「ch」

cha・闡・｜ツァ　　　chai・宅・｜ツァイ　　　chan・展・｜ツァン
chei・這・｜ツェイ　　chu・燭・｜ツゥ　　　　chua・抓・｜ツゥア

「ch‘」

ch‘a・察・｜ツ。ァ　　ch‘an・產・｜ツ。アン　　ch‘o・綽・｜ツ。ォ
ch‘u・楚・｜ツ。ゥ　　ch‘uai・踹・｜ツ。ゥァイ　ch‘uan・川・｜ツ。ゥァン

（3）記号「ﾞス」

記号「ﾞス」について、「緒言」は次のように説明している。

　　「ﾞスァ」行ノ音ハ、支那特有ニシテ、之ヲ譯スルコト甚ダ難シ。強ヒテ之ヲ解スレバ、「ﾞスァ」ハ「ルーズーア」ノ音ヲ約シタルモノニ等シト謂ハンノミ。隋テ「ﾞスゥ」ハ「ルーズーウ」ニ、「ﾞスォ」ハ「ルーズーオ」ニ均シク、「ﾞスォェ」「ﾞスォァ」モ之ニ準ジテ知ルベシ。而シテ今、之ヲ表スルニ、「ﾞス」字ヲ以テスルモノハ、亦視話法ノ理ヲ適用シ、「ﾞ」ヲ以テ、舌頭ノ振動ヲ示シ、即チ「ル」ノ原音ヲ顯ハシタルナリ。

　「亦視話法ノ理ヲ適用シ、「ﾞ」ヲ以テ、舌頭ノ振動ヲ示シ、」とあるように、記号「ﾞス」の「ﾞ」は舌頭を振動させる機能を持っている。「ﾞス」の具体例を示すと、次のように舌尖後音「j」を表す。

156

jan・然・ヽスァン　　jang・瓤・ヽスァク゚　　jao・擾・ヽスァオ

jui・瑞・ヽスゥイ　　jun・潤・ヽスゥン　　jung・冗・ヽスゥク゚

4.3 合字

　「緒言」には「猶ホ数個ノ合字ヲ作リテ、其不足ヲ補ヒ」とあるように、『日清字音鑑』は中国語音を表記するため「合字」を作っていた。「緒言」によると、「合字」は次のように2種類に分けられる。

（1）「イゥ̑」

　合字「イゥ̑」について、「緒言」は次のように述べている。

　　此外一ノ間音「イゥ̑」アリ。コレハ、「イ」ノ音ヲ發スルト同時ニ、口角

　　ヲ窄メ、唇ヲ突出スルガ爲ニ、「ウ」ノ韻ヲ帯ブルモノナリ。故ニ「イゥ̑」

　　ノ合字ヲ以テ之ヲ表ス。

　「イゥ̑」の合字は「イ」を発音すると同時に「ウ」の音を帯びることを意味している。その「イゥ̑」の具体例を示すと、次のように撮口呼韻の母音「ü」を表している。

　　chü・局・チイゥ̑　　　　nü・女・ニイゥ̑　　　　chüan・捐・チイゥ̑エン

本論　中国語カナ表記の音韻学的研究

　　lüan・戀・リィゥエン　　　lüo・掠・リィゥオ　　　yüeh・曰・イィゥエ

(2)「オエ」「オァ」「オゥ」

合字「オエ」「オァ」「オゥ」を持つ用例は次のものがある。

　　kên・跟・クォエン　　　têng・等・テォエク・　　　sêng・僧・スォエク・
　　lê・勒・ルォァ　　　　　tê・得・トォァ　　　　　shê・捨・シォァ
　　fêng・鳳・フォゥク・　　pêng・捧・プォゥク・　　nêng・拵・ヌォゥク・

そして、合字「オエ」「オァ」「オゥ」について「緒言」は次のように述べて
いる。

　エ　此音モ、彼我同一ナレトモ、支那語ニハ、他ニ一ノ間音アリ。「オエ」
　　　ノ合字ヲ以テ、之ヲ表ス、其音ハ「エ」ノ半開音ニシテ、少シク「オ」
　　　ノ韻ヲ帯ブルモノナリ。

　オ　此モ、マタ彼我、殆ド同一ナレトモ、支那語ニハ、他ニ二ノ間音ア
　　　リ。「オァ」ト「オゥ」トノ合字ヲ以テ、之ヲ表ス。甲ハ、「オ」ノ音
　　　ヲ發スルニ當リ、口形ヲ扁平ニシテ、「ア」ノ韻ヲ帯ビシメタルモ
　　　ノ、乙ハ、「ウ」ヲ發スルニ、殆ド「オ」ニ用フル口形ヲ假リタル

158

モノト知ルベシ。英人ノ著書ニハ、「_{オェ}」「_{オァ}」「_{オゥ}」三者ノ場合ニ、イヅレモ皆êノ字ヲ用フレドモ、稍々精確ヲ欠クモノヽ如シ。

「ê」について、「英人ノ著書ニハ、「_{オェ}」「_{オァ}」「_{オゥ}」三者ノ場合ニ、イヅレモ皆êノ字ヲ用フレドモ、稍々精確ヲ欠クモノヽ如シ」とある。ウェード式ローマ字の「ê」では中国語音を精確に表記できないことを恐れ、新しく工夫したものと思われる。

4.4 声調の記号

「緒言」には「支那語ニ於テ、最モ重キヲ置クハ、四聲ノ別ニ在リ。」とあるように、『日清字音鑑』は声調を重視している。声調の記号について「緒言」は次のように述べている。

著者ハ、右四聲ノ別ヲ示スニハ、左ノ記號ヲ、假字音ノ右側上下ニ施スヲ便ナリト信ジ。本書ニハ、此方法ヲ適用セリ。

上平□｜（筆者注：下平・上声・去声の記号も同じく傍線であるが、形が変わったのでその入力を省略させて頂く。詳しくは原本をご参照ください。）

（筆者注：中略）

（注意）圏點ヲ以テ、四聲ヲ分ツノ法ハ、讀書ニハ用フベキモ、語言ニ之ヲ用フルハ、却テ紛雜ヲ來スノ恐アルノミナラズ、假字音ニハ、其適用、甚ダ不便ナルヲ以テ、今、之ヲ採ラズ。

カナの右側に線を引いて声調を表している。上の「（注意）」によれば、漢

本論　中国語カナ表記の音韻学的研究

字の四隅に圏点を付け声調を表記する従来の方法とは異なり、工夫を凝らしたものである。

5 まとめ

以上、概要・編纂者・体裁・注音用の記号の4点から『日清字音鑑』を紹介した。これまで述べてきたことをまとめて示すと、次のようになる。

『日清字音鑑』は日本漢字音によって中国語の発音が引けるように編纂された中国語の発音一覧表である。初版は明治28年（1895）6月に発行された。「緒言」9頁、「索引目録」3頁、本文89頁からなる。

『日清字音鑑』は筆頭編纂者・伊沢修二の最初の音韻研究書である。筆頭編纂者の伊沢修二は校閲者の張滋昉に中国語を教わった。同著者の大矢透は伊沢修二の部下として文部省に務め、文部省非職後、伊沢修二の縁により大日本図書株式会社に務めた。

『寛永五年板韻鏡』と比較すると、図示・声調・配列の3点からみて、『日清字音鑑』は体裁において『韻鏡』に似ていると思われる。

『日清字音鑑』は中国語音をより精確に表記するため注音用の記号を工夫している。内容は次の5点が挙げられる。

①　漢字の左側にウェード式ローマ字綴りを付けている。

②　視話法の原理に照らして記号「。」・「｜ツ」・「ｽ」を工夫した。

③　撮口韻を表記するため合字「ィゥ」を工夫した。

④　ウェード式ローマ字の「ê」では中国語音を精確に表記できないことを恐れ、合字「ｫｴ」「ｫｧ」「ｫｩ」を工夫した。

⑤　中国語カナ表記の右側に線を引くことによって声調を表記している。

160

第2章 『日清字音鑑』における ng 韻尾の表記方法について

第2節 　『日清字音鑑』における鼻音韻尾の表記

1 　『日清字音鑑』の鼻音韻尾表記の実態

　『日清字音鑑』の「緒言」に「其彙輯セル所ノ文字ハ、支那官話ニ普通ナルモノ、四千有余ニシテ、」とあり、漢字を 4000 余り収録している。

　鼻音韻尾のある音節に関して言えば、n 韻尾のある音節は 937 例であり、ng 韻尾のある音節は 694 例である。n 韻尾のある音節 937 例はすべて撥音「ン」で表記される。「ウェード式ローマ字綴り・漢字・中国語カナ表記」の順で例を挙げると、次のとおりになる。

開口呼

an・安・アン	fan・返・ファン	'han・罕・｡ハァン
nên・嫩・ヌォァン	mên・門・ムォェン	sên・森・スォェン

斉歯呼

chin・僅・チィン	hsin・信・｡シィン	min・民・ミィン
mien・面・ミィエン	nien・年・ニィエン	pien・編・ピィエン

合口呼

wan・萬・ワァン	'huan・緩・｡ホゥアン	k'uan・寛・クゥアン
lun・論・ルゥン	sun・孫・スゥン	tun・蹲・トゥン

撮口呼

chüan・捐・チィゥエン	ch'üan・泉・チィゥエン	lüan・戀・リィゥエン
yüan・源・イィゥエン	hsüan・楦・｡シィゥエン（筆者注：声調表示は省略）	

　ng 韻尾に関しては、50 頁の「fêng・縫・フォゥン」・「mêng・萌・ムォェン」

161

本論　中国語カナ表記の音韻学的研究

と 59 頁の「lêng・睖・ルォェン」の 3 例を除いた 691 例は、すべて記号「ク゚」
で表記される。割合は 691 例対 3 例なので、「ン」は誤植ではないかと思われ
る。よって、ng 韻尾の表記は記号「ク゚」と言えよう。「ウェード式ローマ字
綴り・漢字・中国語カナ表記」の順で例を挙げると、次のとおりである。

開口呼

ang・骯・アク゚　　　　fang・防・ファク゚　　　　‘hang・杭・○ハアク゚

‘hêng・横・○ハォ̄ク゚　　nêng・挼・ヌォ̄ウク゚　　　pêng・捧・プォ̄ウ ク゚

斉歯呼

chiang・講・チィアク゚　　ch‘iang・搶・チ○ィアク゚　liang・亮・リィアク゚

ming・命・ミィク゚　　　ping・柄・ピィク゚　　　　ting・定・ティク゚

合口呼

‘hung・烘・○ホウク゚　　k‘ung・孔・ク○ウク゚　　sung・竦・スウク゚

‘huang・凰・○ホアク゚　　kuang・逛・クゥアク゚　shuang・爽・シゥアク゚

撮口呼

chiung・窘・チィウク゚　　ch‘iung・穹・チ○ィウク゚　　hsiung・熊・・○
シィゥク゚

yung・用・ユゥク゚　　　　　　　（筆者注：声調表示は省略）

　以上のように、『日清字音鑑』は n 韻尾を撥音「ン」、ng 韻尾を記号「ク゚」
として表記し分けている。

162

2 明治期中国語教科書の鼻音韻尾表記の諸相

鼻音韻尾のカナ表記について、『日清字音鑑』はn韻尾を撥音「ン」、ng韻尾を記号「ク」として表記し分けている。このような表記の仕方は明治期においてどのように位置づけられるであろうか。

序論に挙げられた明治期中国語教科書を調査資料にして、鼻音韻尾表記の傾向性を調べると、次の5つのパターンが挙げられる。

パターンⅠ：n韻尾は「ン」、ng韻尾は「ング」である。
【例】『支那文典』（乾坤）大槻文彦［ほか］（明治10年11月、1877）小林新兵衛
【n韻尾】幹カン　根カン　站テン　進ツイン　點テイエン
【ng韻尾】中チュング　東テユング　風フング　涼リヤング

パターンⅡ：n韻尾は「ヌ」、ng韻尾は「ン」である。
【例】『日漢英語言合璧』呉大五郎、鄭永邦（明治21年12月、1888）鄭永慶
【n韻尾】万ワヌ　千チエヌ　半パヌ　年ニエヌ　前チエヌ
【ng韻尾】冬トン　東トン　亮リヤン　象シヤン　星シン

パターンⅢ：n韻尾もng韻尾も「ン」である。
【例】『支那語独習書第一編』谷信近（明治22年、1889）支那語独習学校
【n韻尾】三サン　千チエン　万ワン　身シン　斤チン
【ng韻尾】両リヤン　零リン　長チヤン　丁テン　羊ヤン

パターンⅣ：n韻尾は「ン」、ng韻尾は「ンヌ」である。

本論　中国語カナ表記の音韻学的研究

【例】『亜細亜言語集支那官話部』（再版）広部精（明治25年5月、1892）、
青山堂書房

【n 韻尾】安アン　産ヂヤン　恩イエン　混ホン　斤キン

【ng 韻尾】唱ヂヤンヌ　輕チンヌ　風フヲンヌ　黄ホワンヌ

パターンV：n 韻尾は「ン」、ng 韻尾は「ヌ」である。

【例】『支那語独習書』宮島大八（明治33年、1900）善隣書院

【n 韻尾】万ワン　三サン　分フエン　銭チイエン　天テエン

【ng 韻尾】東トオヌ　中チヨヌ　零リヌ　両リヤヌ　弓コヌ

　以上、明治期中国語教科書における鼻音韻尾のカナ表記の諸相を表に纏めてみる。内容は次の〔表8〕となる。

　〔表8〕によると、n 韻尾・ng 韻尾のカナ表記がさらに大きく分かれ、3種類になっている。すなわち n「韻尾は「ン」、ng 韻尾は「ン」」、「n 韻尾は「ヌ」、ng 韻尾は「ン」」、「n 韻尾は「ン」、ng 韻尾は「ヌ」」である。

　よって、『日清字音鑑』のように記号「グ」で ng 韻尾を表記するのは珍しいのではないかと思われる。次節では『日清字音鑑』の鼻音韻尾表記法についての先行研究を検討していく。

164

第2章　『日清字音鑑』におけるng韻尾の表記方法について

[表8]　明治期中国語教科書における鼻音韻尾のカナ表記法の諸相

書名	編著者	発行年月	発行者（所）	n	ng
『支那文典』	大槻文彦 [ほか]	明治10年11月 （1877）	小林新兵衛	ン	ンゲ
『大清文典』	金谷昭点 [ほか]	明治10年12月 （1877）	青山清吉	ン	ン
『清話為文篇』	渡辺豹治郎 （益軒）	明治12年1月 （1879）	内田弥兵衛	ン	ン
『英清会話独案内』	田中正程 [ほか]	明治18年7月 （1885）	昇栄栄	ン	ン
『英和支那語字白在』	川崎華 [ほか]	明治18年8月 （1885）	岩藤鋌太郎 [ほか]	ン	ン
『日漢英語言合璧』	呉大五郎、鄭永邦	明治21年12月 （1888）	鄭永慶	ヌ	ン
『支那語独習書　　　編』	谷信近	明治22年5月 （1889）	支那語独習学校	ン	ン
『支那音並てに　を は独案内』	三浦恵則 （晩山）	明治23年6月 （1890）	誰群館	ン	ン
『帝国細亜言語集支那語部』（再版）	広部精	明治25年5月 （1892）	青山堂書房	ン	ン
『總訳亜細亜言語集支那語部院』（再版）	広部精	明治25年6月 （1892）	青山堂書房	ン	ン
『支那文典』	村上秀吉	明治26年2月 （1893）	博文館	ン	ン
『日清会話自在』	沼田正宜	明治26年6月 （1893）	法木書店	ン	ン
『実用支那語正音』	中島謙吉	明治27年7月 （1894）	尚武学校編纂部	ン	ン
『支那語便覧』	川藤澄彦	明治27年8月 （1894）	松沢五三	ン	ン
『支那文典』	参謀本部	明治27年8月 （1894）	参謀本部	ヌ	ン
『日清会話』	近衛歩兵第1旅団 [ほか]	明治27年8月 （1894）	東邦書院	ン	ン
『実要支那語 付朝鮮話』（増訂再版）	近衛歩兵第1旅団 [ほか]	明治27年8月 （1894）	東邦書院	ン	ン
『訓州事情探検録　名所旧蹟入記』	宮内猪三郎	明治27年9月 （1894）	東陽堂書店	ン	ン
『独習日清対話捷径』	星邦貞 （嵩彭城）	明治27年9月 （1894）	錫鈴堂	ン	ン
『日清会話付単軍用語』	小野村政徳	明治27年9月 （1894）	日清協会	ヌ	ン

165

本論　中国語カナ表記の音韻学的研究

	神代暖身		神代暖身		
『官話指南日清会話』	神代暖身	明治 27 年 11 月　(1894)	岸田吟香	ン	ン
『学話須知』	鈴木清 [ほか]	明治 28 年 1 月　(1895)	中村梅次郎 [ほか]	ン	ン
『実用日清会話并支那語独案内』	鈴木道宇 [ほか]	明治 28 年 3 月　(1895)	柏原政次郎	ン	ン
『支那商業会話付支那語独案内』	足文山人	明治 28 年 4 月　(1895)	小林新兵衛	ヌ	ン
『支那語学階梯』	中島長吉	明治 28 年 4 月　(1895)	斎藤和平	ン	ン
『大日本国民必要　附日清会話』	斎藤和平	明治 28 年 4 月　(1895)	門田喜逸	ン	ン
『漢語問答篇』	門田喜逸	明治 28 年 5 月　(1895)	鈴子帆会	ン	ン
『支那語白話』	豊岡義孝	明治 28 年 5 月　(1895)	並木栄道	ン	ケ
『日清字音鑑』	伊沢修二、大矢透 [ほか]	明治 28 年 6 月　(1895)	下早多開	ン	ン
『清音呼吸訣』	下早多開	明治 28 年 8 月　(1895)	博文館	ン	ン
『支那商務会話』	小倉鏑太、金沢保胤 [ほか]	明治 28 年 9 月　(1895)	岸峰書院	ン	ヌ
『支那語便知』	張廷彦	明治 32 年 6 月　(1899)	若林書店	ン	ン
『京都高等支那語学校用燕語啓蒙』	牧野愛	明治 32 年 10 月　(1899)	禅隆書院	ン	ヌ
『支那語独習書』	宮島大八	明治 33 年 9 月　(1900)	禅隆書院	ン	ン
『哲学館講義録支那語講義支那語』	金井保三	明治 34 年　(1901)	哲学館	ン	ン
『支那語学校講義録』	前田清敬	明治 34 ～ 35 年　(1901－1902)	岸峰書院	ン	ヌ
『支那語助辞用法并に清国官話及答術』	青柳篤恒	明治 35 年 2 月　(1902)	文求堂文店	ン	ヌ
『清語教科書』(増訂版)	西島良爾	明治 35 年 7 月　(1902)	石塚猪男蔵	ヌ	ン
『支那語白話』	金井保三	明治 35 年 9 月　(1902)	勧学会	ヌ	ン
『和文対訳支那書翰文』	中島広太郎	明治 36 年 1 月　(1903)	欽英堂老舗	ヌ	ン
『日清会話篇』	絵水清 [ほか]	明治 36 年 5 月　(1903)	同文社	ン	ン

第 2 章 　『日清字音鑑』における ng 韻尾の表記方法について

書名	著者	年月	出版社		
『支那語速成兵事会話』	宮島大八	明治 37 年 2 月 (1904)	善隣書院	ン	ヌ
『新編中等清語教科書』	西島良爾、林鑫道	明治 37 年 3 月 (1904)	石塚書店	ン	ヌ
『実用日清会話独修』	鈴木雲峰	明治 37 年 5 月 (1904)	修学堂	ヌ	ン
『清語三十日間速成』	西島良爾	明治 37 年 5 月 (1904)	青木嵩山堂	ン	ヌ
『北京官話支那語学捷径』	足立忠八郎	明治 37 年 5 月 (1904)	金刺芳流堂	ヌ	ン
『清語会話速成』	東洋学会	明治 37 年 7 月 (1904)	文岡精華堂	ヌ	ン
『日清会話独習』	山岸辰蔵	明治 37 年 7 月 (1904)	東雲堂書店	ヌ	ン
『清國語速成』	日清語研究会	明治 37 年 8 月 (1904)	井上一書堂	ヌ	ン
『北京官話実用日清会話』	足立忠八郎	明治 37 年 8 月 (1904)	金刺芳流堂	ヌ	ン
『日清露会話』	粕谷元、平井平三	明治 37 年 9 月 (1904)	文星堂	ヌ	ン
『北京官話通訳必携』	馬紹蘭、足立忠八郎	明治 38 年 1 月 (1905)	金刺芳流堂	ヌ	ン
『新編支那語独修』	三樹好太郎	明治 38 年 4 月 (1905)	岡崎屋書店	ヌ	ヌ
『対訳清語近似法阿蘭綴支那時文独習』	来原慶助 [ほか]	明治 38 年 6 月 (1905)	三省堂書店	ヌ	ン
『日漢辞疏』	石川福治	明治 38 年 6 月 (1905)	南江堂書店、文求堂書店	ン	ヌ
『日清会話』	粕谷元	明治 38 年 6 月 (1905)	文星堂	ヌ	ン
『日華会話筌要』	平岩道知 [ほか]	明治 38 年 7 月 (1905)	岡崎屋書店	ン	ン
『日清公話言海集』	金島苓水	明治 38 年 7 月 (1905)	松雲堂	ン	ヌ
『日清英語学独習』	林朝爽	明治 38 年 8 月 (1905)	中川正成堂	ヌ	ヌ
『実用日清会話』	澄原炭成	明治 38 年 9 月 (1905)	石塚猪男蔵	ヌ	ヌ
『新纂日清語学会計』	馬紹蘭 [ほか]	明治 38 年 9 月 (1905)	日清語学会	ン	ヌ
『日清会話入門』	西島良爾	明治 38 年 9 月 (1905)	代々木商会	ン	ン
『清語文典』	信原継雄	明治 38 年 12 月 (1905)	青木嵩山堂	ン	ン

167

本論　中国語カナ表記の音韻学的研究

タイトル	著者	発行年月	出版社		
『清語新会話』	川崎久太郎（桃洲）	明治39年2月 (1906)	青木嵩山堂	ン	ン
『支那語之勧』	大久保家道	39年4月 (1906)	支那語学会	ン	ン
『清語正規』	清語学堂速成科	39年4月 (1906)	文那学堂書店	ヌ	ン
『日華時文辞林』	中島錦一郎、杉房之助	39年6月 (1906)	東世公司	ン	ン
『日清語学同和』	中島錦一郎	39年6月 (1906)	東世公司	ン	ン
『北京官話日清会話捷径』	甲斐靖	39年7月 (1906)	弘成館書店	ヌ	ン
『日清語学辞林』	井上翠	39年10月 (1906)	東世公司	ヌ	ン
『最新清語速徒』	西島良爾	39年12月 (1906)	青木嵩山堂	ン	ン
『北京官話方物声音韻反切及発音図解』	瀬上恕治	39年12月 (1906)	徳製堂印字局	ヌ	ン
『初歩支那語独修書』	堀口甫片	38〜39年 (1905〜1906)	広報社	ヌ	ン
『日清英会話』	谷原孝太郎	40年6月 (1907)	実業之日本社	ン	ン
『日清商業作文及会話』	中島錦一郎	40年12月 (1907)	公文堂書店	ヌ	ン
『支那語動詞形容詞用法』	皆川秀孝	41年1月 (1908)	文那学堂書店	ン	ヌ
『清語講義録全一冊宛全1ヶ』	皆川秀孝	41年8月 (1908)	東世学会	ヌ	ン
『華語跬歩』（増補7版）	御幡雅文	41年9月 (1908)	文那学堂書局	ン	ン
『北京官話日清商業会話』	足立忠八郎	42年2月 (1909)	金刺芳流堂	ヌ	ン
『支那語要解』	寺田由衛	42年9月 (1909)	寺田由衛	ン	ン
『支那語の講義』	青紙頭夫	43年5月 (1910)	小林又七支店	ン	ン
『四民実用清語集附清語叢』	中西次郎 [ほか]	43年8月 (1910)	大阪屋号支店	ヌ	ン
『日清英露四語合璧』	呉大五郎、鄭永邦 [ほか]	43年8月	島田太四郎	ヌ	ン
『大日本美学会清語科2期講義支那語』	張慈昉、林久昌	発行年月不詳	大日本美学会	ン	ン

3 『日清字音鑑』の鼻音韻尾表記についての先行研究

　『日清字音鑑』の鼻音韻尾表記についての先行研究は実藤恵秀（1943b）や村上嘉英（1966）などがある。

（1）実藤恵秀（1943b）

　実藤恵秀（1943b）は書誌学的に『日清字音鑑』を検討したものである。実藤恵秀（1943b）は記号「ク・」について次のように述べている。

　　また ng をしめすにはクに一つ點をうつたク・をもちゐてあるなど、苦心發明のあとがみえるではありませんか。

　ng 韻尾を表記する記号「ク・」を「苦心發明」と指摘している。

（2）村上嘉英（1966）

　村上嘉英（1966）は、『日清字音鑑』と伊沢修二の手で試案された閩南語カナ表記を比較しながら検討したものであり、発音記号についての指摘が多く見られる。ng 韻尾を表記する記号「ク・」については、以下のように述べている。

　　いま「日清字音鑑」の北京語音表記のカタカナ符号と学務部試案閩南語表記を比較してみると、五十音カタカナの使い方以外にも一、縦書きで注音を主とした目的としている点二、有気音を「。」か「・」で表わしている点三、語尾にくる［-ŋ］音を「ク・」という新造符号で表わしている点など共通するところが多い。

　「語尾にくる［-ŋ］音を「ク・」という新造符号で表わしている点」とあるように、村上嘉英（1966）は ng 韻尾を表記する記号「ク・」を「新造符号」

169

本論　中国語カナ表記の音韻学的研究

であると指摘している。

（3）小川尚義（1900）

　因みに、本章第 1 節の「2 編纂者」で編纂者の伊沢修二について次のよう
に述べている。

　　翌二十八年、日清戦争直後の新領土台湾に渡り、民政局学務部長として
　　最初の植民地教育行政に手を染めその基礎を作った。翌年元旦、部下の
　　学務部員たちがゲリラに斃れた「芝山巌事件」は有名である。明治三十
　　年七月、再び職を辞した（再掲）

　伊沢修二は『日清字音鑑』を編纂して間もなく台湾総督府民政局学務部長
に務めた。
　台湾総督府民政局学務部長の名義で出された『台湾十五音及字母附八声符
号』（明治 28 年、1895）、『訂正台湾十五音及字母表附八声符号』（明治 29 年、
1896）、『台湾十五音及字母詳解』（明治 29 年、1896）に、記号「ク・」が見ら
れる。『訂正台湾十五音及字母表附八声符号』（台湾総督府民政局学務部、明
治 29 年、1896、東京大学附属図書館所蔵本の複写による）を例として挙げる
と、次のとおりである。

　　　翁アク・　　　　邦パク・　　　　江カク・　　　東タク・　　　疆キャク・
　　　香ヒャク・　　　殃イァク・　　　鴬イェク・　　　勇イオク・　　　兵ピェク・

記号「ク・」について、小川尚義（1900）は次のように述べている。

　　臺灣音ハ、鼻音ニ三種アリ、羅馬字ニテハ m.n.ng ニ相當スルモノニシテ、
　　判然ト區別セラルレドモ日本假字ニ於テハ、通例「ン」ノ字ヲ用ヰテ、
　　是等三種ノ音ヲ區別ナクアラハシ來レリ、中ニ m ト n トハ、本國人に於

170

第 2 章　『日清字音鑑』における ng 韻尾の表記方法について

テモ容易ニ區別シ得レドモ、n ト ng トノ場合ニ於テハ、之ヲ區別スルコ
ト非常ニ困難ナリ。前ニ伊澤氏ガ假字ヲ定ムルニ當リテハ m ヲ「ム」ト
シ、n ヲ「ン」トシ、ng ヲ「ク˙」トシテ、一種ノ新假字ヲ用ヰタリシガ、
爾来經驗ヲ重ヌルニ從ヒ、「ク˙」ノ字ハ字形上ヨリ見ルモ「グ」に近キ
ガ故ニ、「グ」ノ如ク發音スル傾向アリテ、不都合ナルガ上ニ、實際上ニ
於テモ亦「ク˙」ノ如キ新字ヲ用ヰル丈ノ必要ナキヲ認メ得タリ。（筆者
注：下線は筆者）

「前ニ伊澤氏ガ假字ヲ定ムルニ當リテハ m ヲ「ム」トシ、n ヲ「ン」トシ、
ng ヲ「ク˙」トシテ、一種ノ新假字ヲ用ヰタリシガ」や「實際上ニ於テモ亦
「ク˙」ノ如キ新字ヲ用ヰル丈ノ必要ナキヲ認メ得タリ」とあるように、小川
尚義（1900）は台湾語を表記する仮名遣いに見られる記号「ク˙」は伊沢修二
氏の作った「新假字」であると指摘している。
　そこで、以上の先行研究を留意した上で、実藤恵秀（1943b）や村上嘉英（1966）
などが指摘した ng 韻尾の表記「ク˙」を再検討していきたい。

第 3 節　記号「ク˙」の意味

『日清字音鑑』の「緒言」は記号「ク˙」について次のように述べている。

「ガ」行ノ音ヲ以テ始マルモノ、支那語ニハナシ。但「カ˙」（關東ノカ˙
行）ノ原音ニ屬スルモノ、僅ニ存スルアリ。又其行中ノ「ク˙」ハ、屢々
語尾ニ顯ハルヽモノニシテ、殆ド「ン」ニ同ジケレド、唯其舌頭ヲ、上
腭ニ壓付スルコトナキヲ以テ、其音ノ輕キヲ異ナレリトスルモノナリ。
　（筆者注：下線は筆者）

記号「ク˙」は「關東ノカ˙行」に属している。
先行研究の実藤恵秀（1943b）は記号「ク˙」を「苦心發明」、村上嘉英（1966）

本論　中国語カナ表記の音韻学的研究

はそれを「新造符号」と指摘した。ところが、橋本進吉（1949）は

　　明治以降、特に発音を明示する場合にnga　ngi　ngu　nge　ngoをカ・キ・
　　ク・ケ・コ・またはカ゜キ゜ク゜ケ゜コ゜で示すことがある。

と述べている。

　川本栄一郎（1990）は幕末から明治にかけてガ行鼻濁音表記の系譜を調査
している。川本栄一郎（1990）を整理すると、次の〔表9〕になる。

〔表9〕ガ行鼻濁音表記とその名称

発行年	書名	編著者名	表記 (例)	名称		
				半濁音	鼻音	鼻濁音
安政2-3年（1855-1856）	『三浦命助日記』	三浦命助	カ゜			
安政6-万延2年（1859-1861）	『獄中記』	三浦命助	カ゜			
慶應2年（1866）	『横文字早学』	不詳	カ゜			
明治5年（1872）	『単語篇』	文部省	カ゜	○		
明治6年（1873）	『単語篇』	石川県学校	カ゜	○		
明治7年（1874）	『絵入単語編』	橘慎一郎	カ゜	○		
明治7年（1874）	『假名附単語篇』	六明堂板	カ゜	○		
明治8年（1875）	『小学懸図解』	吉川朝次	カ゜			
明治16年（1883）	『普通漢語字類大全』	下村孝元	カ・	○		
明治23年（1890）	『中等教育日本文典全』	落合直文ほか	カ゜	○		
明治30年（1897）	『日本文典大綱』	岡倉由三郎	カ゜		○	
明治34年（1901）	『日本俗語文典』	金井保三	カ゜		○	
明治34年（1901）	『国語教授用発音教授法』	高橋龍雄	カ゜			○
明治35年（1902）	『応用言語学十回講話』	岡倉由三郎	カ゜		○	
明治35年（1902）	『言語学講話』	保科孝一	カ゜			○
明治38年（1905）	『音韻調査報告書』	国語調査委員会	カ゜		○	
明治39年（1906）	『日本口語文典』	鈴木暢幸	カ゜		○	
明治42年（1909）	『国語学概論』	亀田次郎	カ・		○	
明治43年（1910）	『国語学精義』	保科孝一	カ゜			○
明治45年（1912）	『新国定読本適用実際口語法』	橋本文寿	カ゜			

　〔表9〕によると、幕末からガ行鼻濁音は鼻音要素を表すため、独自の表
記が成立したことがわかる。

172

第 2 章　『日清字音鑑』における ng 韻尾の表記方法について

　〔表 9〕に示したように、明治 16 年（1883）に出された『普通漢語字類大全』は、カ行表記の右側に白抜きの白圏「、」を付けている。仮にそれを除けば、ガ行鼻濁音表記にはカ行表記の右肩に「゜」を付けるものと、「、」を付けるものの 2 系統があることになる。2 系統の書き分けについて川本栄一郎（1990）は次のように述べている。

　　「か゚　き゚　く゚　け゚　こ゚」「カ゚　キ゚　ク゚　ケ゚　コ゚」と「カ、　キ、　ク、　ケ、
　　コ、」との関係についてはよくわからない。幕末の文献である『日記』・『獄
　　中記』や『横文字早学』に「か゚　き゚　く゚　け゚　こ゚」「カ゚　キ゚　ク゚　ケ゚
　　コ゚」が見られ、「カ、　キ、　ク、　ケ、　コ、」は明治初期の文献に見られる
　　ということから考えると、前者が先で後者はあと、ということになりそ
　　うであるが、しかし、「カ゚　キ゚　ク゚　ケ゚　コ゚」が、橘慎一郎『絵入単語
　　篇』や吉川朝次『小学懸図解』など、個人名を冠した文献に多く見られ
　　るのに対して、「カ、　キ、　ク、　ケ、　コ、」のほうは、文部省『単語篇』や
　　石川県学校『単語篇』など、公的機関の文献に多いという相違も見られ
　　るので、そうとばかりもいえない。あるいは、私的なものに対する公的
　　なものといった違いや学統の違いなどの事情によるものなのかもしれな
　　い。しかし、詳しいことはわからない。

　右肩の「゜」と「、」は学統の違いなどによって書き分けが生じされたものと考えられる。「カ゚　キ゚　ク゚　ケ゚　コ゚」の系統は個人名を冠した文献に多く見られ、「カ、　キ、　ク、　ケ、　コ、」の系統は公的機関の文献に多く見られる。
　本章第 1 節の「2 編纂者」で述べたように、筆頭編著者の伊沢修二は京音楽学校長・東京盲唖学校長・文部省編輯局長・台湾総督府学務部長・貴族院議員などを歴任しているので、『日清字音鑑』は公的な性格を持っていると言えよう。したがって、『日清字音鑑』に見られる記号「ク、」は新造符号ではなく、既に成立した「グ」の鼻濁音表記ではないかと思われる。
　ガ行鼻濁音表記の成立経緯について、川本栄一郎（1990）は次のように述

173

本論　中国語カナ表記の音韻学的研究

べている。

　　ガ行鼻濁音表記の「か゜　き゜　く゜　け゜　こ゜」「カ゜　キ゜　ク゜　ケ゜　コ゜」「カ
　　キ・ク・ケ・コ・」は、ガ行鼻濁音も「半濁音」の一種と見る考え方を基
　　盤に、それへガ行子音の〔ŋ〕に注目する新しい音声学的な見方が加わっ
　　て生じたものと推測される。しかし、その出所や伝播経路についてはよ
　　くわからない。

　ガ行鼻濁音表記の成立は「半濁音」パ行 P 音表記の「゜」と繋がっている
としている。
　また、沼本克明（1997）はガ行鼻濁音表記の起源について次のように述べ
ている。

　　扨、事のついでに「か゜　き゜　く゜　け゜　こ゜」についても觸れておこう。
　　今日、ガ行鼻濁音にこの方式が採られているのは周知の所であるが、そ
　　の起源がどこにあったのかは必ずしも明確にされてはいない。（筆者注：
　　中略）
　　その起源は「゜」が本來有している注意機能（評點機能）が、特別の脈
　　絡無しに生じたものと見ても良いのではなかろうか。

　ガ行鼻濁音表記の起源は半濁音符「゜」の注意機能によって生じたとする。
　以上のように、川本栄一郎（1990）と沼本克明（1997）は共にガ行鼻濁音
の表記の起源を半濁音符「゜」と繋がっていると指摘している。
　半濁音符「゜」の成立と定着について、沼本克明（1997）は次のように述
べている。

　　日本語のハ行子音が兩唇音から φ-から、調音點を後退させて漸次 h-に移
　　行するにつれ、それまで異音の位置にあった p-が音韻として意識される

174

様になる。外國語との接觸以前にその胎動があった事は、山田忠雄氏の指摘された二つの資料によって裏づけ出來るであろう。その後少しずつ國内資料に p-音表記の試みが生じて行ったことは「仮名鏡」や幸若舞・狂言など、本節第一項で紹介した通りである。これ等の、言わば胎動現象の詳細に就いてはここでは十分に論及してはいないのを遺憾とするが、ともかく、そういう胎動現象を一氣に音韻としての確立へと導き、その表記法を「゜」符號に統一させるに到ったのは、キリシタン資料ではなく唐音資料であったと考えられる。斯くして、半濁音符史上に於ける唐音資料は、非常に重要な位置にあったということなる。

半濁音符「゜」は唐音資料から影響を受けて成立したものとする。言い換えれば、ガ行鼻濁音表記は間接的に唐音資料の注意点「゜」の影響を受けて成立したものと思われる。

以上をまとめると、『日清字音鑑』に見られば記号「ク゜」は新造符号ではなく、幕末から成立したガ行鼻濁音表記である。ガ行鼻濁音表記は間接的に唐音資料の注意点「゜」の影響を受けて成立したものであると思われる。

第4節 「ク゜」で ng 韻尾を表記する理由

『日清字音鑑』に見られる記号「ク゜」は「グ」の鼻濁音表記である。それでは、なぜ『日清字音鑑』は「グ」の鼻濁音「ク゜」で中国語の ng 韻尾を表記したのであろうか。

1 本居宣長『地名字音転用例』について

本居宣長『地名字音転用例』は、上代文献において中国語の ng 韻尾がガ行音で表記されていることを発見した。

本居宣長『地名字音転用例』は寛政 12 年（1800）に刊行された字音研究書である。本稿で取り扱ったものは『本居宣長全集』（第 5 巻）による。

本論　中国語カナ表記の音韻学的研究

　本居宣長『地名字音転用例』の序文は編纂趣旨について次のように述べて
いる。

　　續紀和銅六年五月ノ詔ニ、畿内七道諸國郡郷ノ名、著二好字ヲ一ト見エ、
　　延喜ノ民部氏ニ、凡ソ諸國部内ノ郡里等ノ名、並用ヒ二二字ヲ一、必ズ取
　　レ二嘉名ヲ一、ナド見エタルガ如シ、（筆者注：中略）サテ國郡郷ノ名、
　　カクノ如ク好字ヲ擇ビ、必ズ二字ニ書クニツキテハ、字音ヲ借リテ書ク
　　名ハ、尋常ノ假字ノ例ニテハ、二字ニ約メガタク、字ノ本音ノマヽニテ
　　ハ、其名ニ叶ヘ難キガ多キ故ニ、字音ヲサマぐニ轉ジ用ヒテ、尋常ノ假
　　字ノ例トハ、異ナルガ多キコト、相模ノ相、信濃ノ信ナドノ如シ、カ
　　ルタグヒ皆是レ、物々シキ字ヲ擇ビテ、必ズ二字ニ約メムタメニ、止ム
　　事ヲ得ズ、如此サマニ音ヲ轉用シタル物ナリ、然ルニ後ノ世ノ人、此ノ
　　義ヲタドラズシテ、國郡郷ノ名ドモノ、其字音ニアタラザルコトヲ、
　　疑フ者多シ、（筆者注：送り仮名と思わるものを送り仮名として記入した。
　　以下『地名字音転用例』の引用は同様である）

　『地名字音転用例』は上代では日本の地名の表記に用いられた漢字から、
普通の字音と異なるものを分類し、転用の法則を明らかにしようとしたもの
である。
　内容構成は「韻」と「行」に大別できる。詳しくは「ウノ韻ヲカノ行ノ音
ニ轉ジ用ヒタル例」・「ンノ韻ヲマノ行ノ音ニ通用シタル例」・「ンノ韻ヲナノ
行ノ音ニ通用シタル例」・「ンノ韻ヲラノ行ノ音ニ轉ジ用ヒタル例」・「入聲フ
ノ韻ヲ同行ノ音ニ通用シタル例」・「入聲ツノ韻ヲ同行ノ音ニ通用シタル例」・
「入聲キノ韻ヲ同行ノ音ニ通用シタル例」・「入聲クノ韻ヲ同行ノ音ニ通用シ
タル例」・「イノ韻ヲヤノ行ノ音ニ通用シタル例」・「アノ行ノ音同行通用セル
例」・「カノ行ノ音同行通用セル例」・「サノ行ノ音同行通用セル例」・「タノ行
ノ音同行通用セル例」・「ナノ行ノ音同行通用セル例」・「ハノ行ノ音同行通用
セル例」・「マノ行ノ音同行通用セル例」・「ヤノ行ノ音同行通用セル例」・「ラ

176

ノ行ノ音同行通用セル例」・「雑ノ轉用」・「韻ノ音ノ字ヲ添タル例」・「字ヲ省ケル例」の 21 項からなっている。

「ウノ韻ヲカノ行ノ音ニ轉ジ用ヒタル例」は中国語の ng 韻尾のカナ表記を検討する項目であり、さらに「ウノ韻ヲガニ用ヒタリ」・「ウノ韻ヲギニ用ヒタリ」・「ウノ韻ヲグニ用ヒタリ」・「ウノ韻ヲゴニ用ヒタリ」に分けている。以下、「ウノ韻ヲカノ行ノ音ニ轉ジ用ヒタル例」を検討していきたい。

(1)「ウノ韻ヲガニ用ヒタリ」の項

「ウノ韻ヲガニ用ヒタリ」の項には次の 5 つの見出しがある。

○さがむ　相模【國】佐加三　相ハサウノ音ナルヲ、韻ノウヲ轉ジテ、サガニ用ヒタリ、【此ノ國名ハ、モトサガムナリシヲ、和名抄ニ佐加三ト注シタルハ、後ノ唱ヘナリ、古事記ニ相武ト書キ、歌ニモ佐賀弁トアリ、模ノ字モ、モノ音ナレバ、ムニ近クシテ、ミニハ遠シ、】

○さがらか　相楽【山郡】佐加良加　相ヲサガニ用ヒタル、上ニ同ジ、【楽ノコトハ下ニ出、】

○かゞみ　香美【土郡　阿郷】加々美

○いかゞ　伊香【河郷】伊加々

○かゞと　香止【備前郷】加ゞ止　コレラ香ヲカゞニ用ヒタル、上ノ相ノ例ニ同ジ、

上代の文献において、宕摂字「相」の韻尾は「加（ガ）」、宕摂字「香」の韻尾は「加（ガ）」で表記されている。

(2)「ウノ韻ヲギニ用ヒタリ」の項

「ウノ韻ヲギニ用ヒタリ」の項には次の 7 つの見出しがある。

本論　中国語カナ表記の音韻学的研究

○おたぎ　愛宕【山郡】<ruby>於多岐<rt>オタギ</rt></ruby>

○たぎの　宕野【勢郷】<ruby>多木乃<rt>タギノ</rt></ruby>　コレラ宕ハ<u>タウ</u>ノ音ナルヲ、<u>タギ</u>ニ用
ヒタリ

○よろぎ　余綾【相郡】<ruby>與呂岐<rt>ヨロギ</rt></ruby>　綾ハリョウノ音ナルヲ、【<u>リョ</u>ヲ直音ニ
シテ、<u>ロ</u>ニ用ヒ、】韻ノ<u>ウ</u>ヲギニ用ヒタリ、

○くらぎ　久良【武郡】<ruby>久良岐<rt>クラギ</rt></ruby>

○みなぎ　美嚢【播郡】<ruby>美奈木<rt>ミナギ</rt></ruby>

○たぎま　當麻【和郷】<ruby>多以末<rt>タイマ</rt></ruby>【此ノ郷名タギマナルヲ、和名抄ニ多以
末ト注シタルハ、後ノ音便ノ唱ヘナリ、古事記ニ、<ruby>當岐麻<rt>タギマ</rt></ruby>トモ<ruby>當藝麻<rt>タギマ</rt></ruby>
トモアリ、】

○ふたぎ　布當【山】萬葉六ニ見エタリ、【コレヲ今ノ本ニ、<u>フタイ</u>ト訓
ルハ、當麻ヲ<u>タイマ</u>ト云ト同ク、後ノ唱ヘニテ、誤ナリ、】右良ヲ<u>ラ</u>
<ruby>ギ<rt>ナウ</rt></ruby>、嚢ヲ<ruby>ナギ<rt>タウ</rt></ruby>、當ヲ<u>タギ</u>ニ用ヒタル、上ノ宕綾ノ例ニ同ジ、

　上代の文献において宕摂字「宕」の韻尾は「岐（ギ）」・「木（ギ）」、曽摂字
「綾」の韻尾は「岐（ギ）」、宕摂字「良」の韻尾は「岐（ギ）」、宕摂字「嚢」
の韻尾は「木（ギ）」、宕摂字「當」の韻尾は「岐（ギ）」・「芸（ギ）」で表記
されている。

(3)「ウノ韻ヲグニ用ヒタリ」の項

「ウノ韻ヲグニ用ヒタリ」の項には次の 3 つの見出しがある。

○うまぐた　望多【上總郡】<ruby>末宇太<rt>マウタ</rt></ruby>　望ハ<u>マウ</u>ノ音ナルヲ、<u>ウ</u>ノ韻ヲ轉
ジテ、<u>マグ</u>ニ用ヒタリ、【上ノ<u>ウ</u>ニ當ル字ヲバ省ケリ、<u>ウ</u>ヲ省ク例ハ常也、
サテ和名抄ニ、末宇太トアルハ、後ノ音便ノ唱ヘナリ、古事記ニ<ruby>馬來由<rt>ウマグタ</rt></ruby>、
<ruby>萬葉ニ宇麻具多<rt>ウマグタ</rt></ruby>トアリ、】

178

○いくれ　勇禮【越後郷】以久禮　勇ハユウノ音ナルヲ、イクニ用ヒタリ、【ユヲイニ用ヒタル例ハ下ニ出、】

○かぐやま　香山【和】神武紀ニ、香山此ヲ云二介遇夜麼二トアリ、是レノ音ヲ取レル也、【訓ヲ以テ香來山ナド書ルトハ異ナリ、思ヒマガフベカラズ、サテ書紀ニ、字音ニモ訓注ヲシタルコト、例アリ、興臺産靈ト云神名ノ興臺ノ二字モ、音ナルニ、訓注アリ、】

　上代の文献において宕摂字「望」の韻尾は「來（グ）」・「具（グ）」、宕摂字「香」の韻尾は「遇（グ）」で表記されている。

　また、上の「いくれ　勇禮【越後郷】以久禮」項の清濁について、『地名字音転用例』は次のように述べている。

　　上件ウノ韻ヲ轉ジテ、カ　キ　ク　コ　ニ用ヒタル地名、其ノ轉ジタル音、皆濁音也、其中ニ久良ノキト、勇禮ノクトハ、清濁イカナラム、知ラネドモ、餘ノ例ヲ以テ見レバ、此レラモ濁ルナルベシ、

　「いくれ　勇禮【越後郷】以久禮」の「久（ク）」は濁るべきものであるとしている。

（4）「ウノ韻ヲゴニ用ヒタリ」の項

　「ウノ韻ヲゴニ用ヒタリ」の項には次の2つの見出しがある。

　　○いかご　伊香【近郡】伊加古
　　○あたご　愛宕【丹波】神名帳ニ、阿多古ト見エタリ、コレラ香ヲカゴ、宕ヲタゴニ用ヒタリ、【カノ神名ノ興臺ノ興ナドモ、ユウノ音ヲ取レルニテ、是レト同例ナリ】

本論　中国語カナ表記の音韻学的研究

　上代の文献において宕摂字「香」の韻尾は「古（ゴ）」、宕摂字「宕」の韻尾は「古（ゴ）」で表記される。

　以上のように、本居宣長『地名字音転用例』は上代文献において中国語のng 韻尾はガ行音で表記していることを発見した。

　発見の意義について、『本居宣長全集』（第 5 巻）「解題」は次のように述べている。

　　宣長はすでに述べたように、字音の尾子音の-m -n –ŋ について正しい認識に至らなかったので、字音轉用の理由を的確に説明できなかった所があった。しかし、この研究は、未だ誰も思いつくことのなかったものであるから、後の學者を大いに刺戟し、僧義門の『男信』や、あるいは白井寛蔭の『音韻假字用例』などの中で、これに論及するところ多く、それらによって宣長の及ばなかった點が訂正された。

　「後の學者を大いに刺戟し」とあるように、本居宣長『地名字音転用例』における鼻音韻尾の記述は後世への影響が大きいと考えられる。

2　大槻文彦『支那文典』の ng 韻尾の表記

　大槻文彦『支那文典』は明治期中国語文法書である。本稿で取り扱ったものは『中国語教本類集成』（第 4 集）による。『中国語教本類集成』（第 4 集）「所収書解題」は大槻文彦『支那文典』について次のように述べている。

　　大槻文彦解　明治 10 年 11 月　小林新兵衛発行。22cm×15cm　線装上・下 2 冊。
　　アメリカ人宣教師高第丕（Crawford, Tarlton Perry 1821－1902）と中国人張儒珍の共著で，同治 18 年（1869 年）山東省登州府（現蓬萊）で刊行された『文学書官話』（Mandarin Gramm e r）に送り点送りカナを付し，一句ごとに内容を解説したものである。

原本の線装 1 冊を，上・下巻 2 冊に分け，上巻は，原序 2 丁・例言 3 丁・目録 2 丁で 9 章までを収めてある。下巻は，10 章〜21 章である。

『支那文典』の ng 韻尾は次のように「ング」で表記されている。

通摂字： 東テユング　甕ウング　風フング　中チユング
宕摂字： 涼リヤング　房フアング　當タング　喪サング　缸キヤング
梗摂字： 平ピング　丁テイング
曽摂字： 朋パング

3 明治期中国語教科書における ng 韻尾についての記述

〔表 8〕に挙げた中国語教科書には ng 韻尾について記述しているものがある。これらの教科書から鼻音韻尾に関する記述を抜粋して時代順に列挙すると、それぞれ次の①−㉔となる。

①『日漢英語言合璧』呉大五郎、鄭永邦（明治 21 年 12 月、1888）鄭永慶

『日漢英語言合璧』について、『中国語教本類集成』（第 1 集）「所収書解題」は次のように述べている。

呉大五郎・鄭永邦著　明治 21 年 12 月　可否茶館主鄭永慶発行。15cm×22cm　左とじの横なが本。
全体は 3 部からなり、第 1 は単語 69 頁、第 2 は形容詞に始まり簡単な対話で 25 頁、第 3 は会話 101 頁である。
巻頭の題字を書いた黎庶昌は、貴州・遵義の人、第 2 代・第 4 代の駐日公使で明治 15 年からと明治 21 年から各 3 年ほど在日した親日家。（筆者注：中略）
2 人の編者と発行人は、いずれも旧長崎唐通事の子弟である。（筆者注：

本論　中国語カナ表記の音韻学的研究

　下略）

　『日漢英語言合璧』の「凡例」は鼻音韻尾について次のように述べて
いる。

　　漢音ニ 寛 窄 ノ別アリ。之ヲ區別スルニ。我（ヌ）ハ即チ窄音ニシテ（ン）
　　ハ即チ寛音ナリ。例ヘバ金ハ窄音ニシテ。chin 猶ホ英字母ノ（n）ニ終
　　ルガ如シ。又經ハ寛音ニシテching 猶ホ英音ノ綴ニ於テ(ng)ノ如ク。（ン）
　　ノ音直チニ鼻端ヨリ出ヅ。恰カモ（ク）ノ半濁音ニ近シ。（筆者注：下線
　　は筆者）

　n 韻尾は「窄音」、ng 韻尾は「寛音」であると述べている。そして、ng
韻尾の発音は英語 ng、またはクの「半濁音」に近いことを指摘している。

②『日清会話自在』沼田正宣（明治 26 年 6 月、1893）法木書店
　本書の本文は 22 章 101 頁からなっている。第 2 章から第 22 章までは日本
語中国語対訳単語・フレーズ・会話集である。「第一章　支那語の種別」は鼻
音韻尾について次のように述べている。

　　音に濁窄の別あり濁音とは口を廣くして發すへき音にして窄音とは口を
　　搾りて出すへき音なり此濁窄を辨別するは甚た容易なる便方あり。日本
　　の漢音にて「ン」とはねさる字か支那音にて「ン」とはねたるとき。假
　　名は 陽 （筆者注：中略）の類ハ皆な濁音なり。又日本の漢音にて「ン」
　　とはね支那音にしても「ン」とはねたるとき。假名は 近 （筆者注：中
　　略）の類は皆な窄音なり。

　n 韻尾は「窄音」、ng 韻尾は「濁窄」と指摘している。

182

③『日清会話』参謀本部（明治 27 年 8 月、1894）参謀本部

　本書の全体的な内容は本文 213 頁と付録 13 頁からなっている。本文は日本語中国語対訳単語・フレーズ・会話集である。本書の「凡例」は鼻音韻尾について次のように述べている。

　　（ヌ）ハ窄音ニシテ英音ノエヌ n ニ終ルカ如ク狭窄ニシテ鼻音ヲ帯ヒサル者。
　　（ン）ハ濁音ニシテ英音綴ノ <u>ng ノ如ク直ニ鼻端ヨリ出ツ恰モ（グ）音ニ近ク輕ク　發ス。</u>（筆者注：下線は筆者）

　n 韻尾は「窄音」、ng 韻尾は「濁音」であると述べている。そして、ng 韻尾の発音は英語 ng、またはクの「半濁音」に近いことを指摘している。

④『兵要支那語』近衛歩兵第 1 旅団［ほか］（明治 27 年 8 月、1894）東邦書院

　本書の本文は 72 頁からなり、日本語中国語対訳単語・フレーズ・会話集である。校閲者は平岩道知である。本書の「凡例」は鼻音韻尾について次のように述べている。

　　音末の「ン」は窄音にして。鼻音を帯びたるもの。即ち金hin 三san の如き是なり

　　東 tong　洋 yang の如き。濁音にして稍鼻音を帯び。<u>自然音末に「ンᵍ」</u>を含むものは。殊更に「グ」の假名を附せず。其轉訛を避くるなり。（筆者注：下線は筆者）

　n 韻尾は「窄音」、ng 韻尾は「濁音」と述べる。そして、ng 韻尾の発音は英語 ng または「ンᵍ」に近いことを指摘している。

本論　中国語カナ表記の音韻学的研究

⑤『兵要支那語附朝鮮語』（増訂再版）近衛歩兵第1旅団（明治27年8月、1894）東邦書院

　上の資料④の増訂版である。鼻音韻尾についての記述は同資料④を参照のこと。

⑥『支那語独習書』宮島大八（明治33年9月、1900）善隣書院

　本書の本文は95頁からなり、日本語中国語対訳単語・フレーズ・会話集である。編纂者の宮島大八と発行所の善隣書院について、六角恒広（1999）が詳しく論述している。六角恒広（1999）を纏めると次のようになる。

　　【宮島大八】明治・昭和時代前期の書家、善隣書院の創立者である。名は吉美、通称は大八。東京外国語学校卒、明治20年（1887）中国にわたり、張廉卿に師事している。明治27年（1894）帰国して東京に善隣書院を創立し、中国語教育と日中友好に尽くした。書は師直伝の六朝風である。著作に『急就篇』、『支那官話字典』、『官話篇』などがある。

　　【善隣書院】善隣書院は、宮島大八が明治28年（1895）5月に開設した中国語の私塾詠帰舎を、明治31年（1898）6月改称したものである。明治30年代の日本の中国語界の中枢的な存在であり、中国語教育の重鎮とされる。

　『支那語独習書』は緒言で鼻音韻尾について次のように述べている。

　　廣音ハ多ク鼻音ニシテ音尾ニ著ルシク<u>ヌ</u>ノ響ヲ有スルモノ、即チ東（筆者注：中略）等ノ音是ナリ。^{トヌ}

　　窄音トハ、語尾ニ清涼ナル<u>ン</u>ノ響ヲ有スルモノニシテ、三（筆者注：中略）等ノ音是ナリ。^{サン}

184

第 2 章　『日清字音鑑』における ng 韻尾の表記方法について

n 韻尾は「窄音」、ng 韻尾は「廣音」であると述べている。

⑦『支那語学校講義録』前田清哉（明治 34 年－35 年、1901－1902）善隣書
　　院
　　『支那語学校講義録』について、『中国語教本類集成』（第 8 集）「所収書解
題」は次のように述べている。

　　　編輯兼発行人前田清哉　善隣書院発行。各号 21.0cm×13.7cm　家蔵 7 号
　　7 冊　別冊号外 1 冊
　　明治 33 年 5 月に宮島大八の善隣書院が語学部を東京神田錦町 3 丁目 10
　　番地に長谷川雄太郎を校長として開設した支那語学校の校外生のために
　　発行した講義録である。（筆者注：下略）

　　『支那語学校講義録』は鼻音韻尾について次のように述べている。

　　　凡ソ音尾ノ（ン）と響キ、ソノ鼻ヲ通シテ發スル者ヲ寛音と称ス、
　　　鼻ヲ通ゼズシテ、口ヲ開ヒテ發スル者ヲ窄音トス、寛音ハ太ク、窄音ハ
　　　清シ、寛音ハ下ニ（ヌ）ヲ以テ之ヲ表シ、窄音ハ（ン）ヲ以テ之ヲ表ス。
　　　寛音　床チョアヌ　　　杭ハヌ
　　　窄音　舩チョアン　　　漢ハン

　　n 韻尾は「窄音」、ng 韻尾は「寛音」であると述べている。

⑧『清語教科書並続編』（増訂版）西島良爾（明治 35 年 7 月、1902）石塚猪
　　男蔵
　　『清語教科書並続編』（増訂版）について『中国語教本類集成』（第 1 集）「所
収書解題」は次のように述べている。

185

本論　中国語カナ表記の音韻学的研究

西島良爾編　明治 35 年 7 月増補訂正版　石塚猪男蔵発行。大阪清語学校
蔵版。18.5cm×12.8cm

初版は明治 34 年 10 月である。この増訂版の目次の第 1 編豫修　第 2 編
散語　第 3 編談論　第 4 編抄話　第 5 編単語が初版本の内容であろう。
序によれば，この初版の部分は大阪外国語学校（後の官立大阪外国語学
校ではない）および清語講習会で教えた 2 年近くの教材をまとめたもの
である。この 2 年近くとは，おそらく明治 33 年から同 34 年秋ごろまで
であろう。この時期は，前述したように義和団鎮圧の派兵がおこなわれ
た時である。

初版が出た直後に，増訂版の目次に見られる清語教科書続編の 86 頁を加
えて，明治 35 年 7 月に増補訂正再版を刊行したのである。

この増訂版は，その後日露戦争の時期と日露戦争勝利後の日本の中国侵
略の時流に乗って明治 40 年 10 月には第 11 版を重ねている。

編者西島良爾は，明治 23 年荒尾精が設立した上海の日清貿易研究所に学
び，日清戦争で従軍通訳となり，その戦後は新領土台湾にいき通訳とな
り，帰国後は神戸裁判所の通訳となった。この本はその裁判所通訳時代
に書かれたものであろう。

『清語教科書並続編』（増訂版）は鼻音韻尾について次のように述べている。

窄音ハ音ノ窄狭ニシテ鼻音ヲ帯ビザルモノヲ云フ清語ノ音末ニ（ン）音
アリテ我邦音ニモ亦タ（ン）音アルモノハ均ク窄音ニ屬ス本書假字語尾
ニ（ヌ）ヲ附スルモノ之レナリ英語發音ノ（n）ニ終ルカ如シ例ヘハ（官）
（筆者注：中略）等ノ如シ。
潤音ハ音ノ寛潤ニシテ鼻音ヲ帯ブルモノヲ云フ清語ノ音末ニ（ン）音ア
リテ我邦音ニ有セザルモノハ概ネ潤音ニ屬ス本書假字語尾ニ（ン）ヲ附
スルモノ之ナリ英語發音ノ（ng）ニ終ルカ如シ例ヘハ（昂）（筆者注：
中略・下線は筆者）等ノ如シ。

第 2 章 『日清字音鑑』における ng 韻尾の表記方法について

n 韻尾は「窄音」、ng 韻尾は「濶音」であると述べる。また、ng 韻尾の発音は英語 ng に近いことを指摘している。

⑨『実用日清会話独修』鈴木雲峰（明治 37 年 5 月、1904）修学堂

本文は 302 頁であり、「緒言」・「単語篇」・「会話篇」からなっている。「単語篇」と「会話篇」は日本語中国語対訳単語・フレーズ・会話集である。扉によると、編纂者の鈴木雲峰は同文学会の講師である。

本書「緒言」は鼻音韻尾について次のように述べている。

> 本書中所載の（ヌ）の音は們（メヌ men）の英音語尾のエヌ n の如く、狭いあまり鼻管に觸れざるものをいふ。
> 又（ン）の音は上（shang）の如く、英音の ng の様に鼻の端から發して g を輕い音で發するのである。（筆者注：下線は筆者）

ng 韻尾の発音は英語 ng に近いことを指摘している。

⑩『北京官話支那語捷径』足立忠八郎（明治 37 年 5 月、1904）金刺芳流堂

『北京官話支那語捷径』について、『中国語教本類集成』（第 1 集）「所収書解題」は次のように述べている。

> 足立忠八郎編　明治 37 年 5 月　金刺芳流堂発行。18.7cm×12.7cm
> 巻頭の例言では，発音解説，本書についての説明，発音符号（ウェード式）等々を述べているが，口語による文章で，前記『支那語獨習書』に見られる文語の説明とは大いに異っている。
> 散語・談論の形式をとっているが，各章に新出単語とその発音，中国文の和訳文，語句の説明があって，学習者に親切である。
> また，「書取」の項があり，ウェード式記号で短文が書かれ，それを漢字になおす問題が 5 章あり，その解答と日本語訳がある。

本論　中国語カナ表記の音韻学的研究

さらに和訳問題 6 章，中国語訳問題が 6 章あり，それぞれの解答も用意されている。このような練習問題を多くとり入れて，教科書として望ましい体裁をなしている。これまでにない語学の教科書らしい印象をあたえる。

編者の足立忠八郎は，明治 13 年設立の興亜会支那語学校に入学，同 15 年 5 月同校廃校にともない，同級の宮島大八らとともに旧東京外国語学校に転校した。『清国時文輯要』・『清国時文輯要総訳』（明治 35 年），『北京官話実用日清会話』（明治 37 年），『北京官話日清商業会話』（明治 42 年），『日支会話及時文』（昭和 7 年）など時文および会話の本を書いている。

『北京官話支那語捷径』の例言は鼻音韻尾について次のように述べている。

　　窄音ハ音尾ニ於テ我ガ（ヌ）ニ終ル音ナリ、即チ英字母ノ（n）ノ如シ、
　　民min²（筆者注：中略）等ナリ。
　　寛音ハ鼻音ニ終ルモノニシテ、我ガ（ン）ニ同ジク、英字綴リノ（ng）
　　ノ如シ、即チ名ming²（筆者注：中略）等トス。（筆者注：下線は筆者）

　n 韻尾は「窄音」、ng 韻尾は「寛音」であると述べている。そして、ng 韻尾の発音は英語 ng に近いことを指摘している。

⑪『北京官話実用日清会話』足立忠八郎（明治 37 年 8 月、1904）金刺芳流堂

　本文は 251 頁であり、「単語門」・「短句門」・「談論門」からなっている。日本語中国語対訳単語・フレーズ・会話集である。「凡例」は鼻音韻尾について次のように述べている。

　　窄音即チ我音ノ（ヌ）英字綴リノ（n）ナリ 民 面 ノ如シ。
　　寛音即チ我音ノ（ン）英字綴リノ（ng）ノ如ク鼻音ニ終ルモノ 名 章 ノ
　　如シ。（筆者注：下線は筆者）

188

n 韻尾は「窄音」、ng 韻尾は「寛音」であると述べている。そして、ng 韻尾の発音は英語 ng に近いことを指摘している。

⑫『日清露会話』粕谷元、平井平三（明治 37 年 9 月、1904）文星堂

　本書は日本語・中国語・ロシア語の 3 言語の対訳単語・フレーズ・会話集である。序文によると、編纂者の粕谷元は刊行当時陸軍中尉、平井平三は陸軍通訳であった。本書の「清国ノ凡例」は鼻音韻尾について次のように述べている。

　　　寛音トハ語尾（ン）ニ終リ英語ノ ng ノ如ク發音ス即チ稍々鼻音ヲ帯ビテ
　　　終ルモノニシテ（ン）ヲ以テ示セリ我ガ邦音ニテ語尾ニ（ン）ノ字ノ附
　　　カザルモノ即チ東（筆者注：中略）ノ如キハ皆ナ之ニ屬スト知リテ可ナ
　　　リ。
　　　窄音トハ語尾英語ノ（n）ニテ終ルモノト一様ニシテ（ヌ）ヲ以テ之ヲ示
　　　ス我ガ邦音ニテ語尾ニ（ヌ）字ノ附クモノ即チ近（筆者注：中略）ノ如
　　　キ皆ナ之レニ屬スト知リテ可ナリ（筆者注：下線は筆者）

　n 韻尾は「窄音」、ng 韻尾は「寛音」であると述べている。そして、ng 韻尾の発音は英語 ng に近いことを指摘している。

⑬『日清会話』粕谷元（明治 38 年 6 月、1905）文星堂

　本書は日本語対訳単語・フレーズ・会話集である。序文によると、編纂者の粕谷元は刊行当時陸軍大尉である。

　本書の「清語ノ凡例」は鼻音韻尾について記述している。記述は⑫と同文である。

⑭『日華会話筌要』平岩道知［ほか］（明治 38 年 7 月、1905）岡崎屋書店

　『日華会話筌要』について、『中国語教本類集成』（第 6 集）「所収書解題」

は次のように述べている。

> 平岩道知著　張廷彦校閲　明治 38 年 7 月　岡崎屋書店発行。1 冊
> 18.1cm×12.2cm　凡例 6 頁　目次 3 頁　本文 205 頁　附録 50 頁　奥附 1
> 頁　広告 4 頁（筆者注：中略）
> 本文は単語の部と会話の部からなり，それに附録が附されている。全巻
> 上・下 2 段に分けられている。（筆者注：中略）
> 著者平岩道知は，旧東京外国語学校漢語科下等二級在学中の明治 12 年
> 11 月，参謀本部派遣北京官話留学生 16 名の内の 1 人として北京に派遣
> された。2 か年勉学して帰国し陸軍の部内で通訳あるいは教師として中
> 国語の仕事をした。この本を出した時は陸軍通訳である。明治 31 年 11
> 月金国璞と共著の『北京官話談論新篇』は，長く日本の中国語教育で使用さ
> れたばかりでなく，1901 年英訳本も出されて在華英・米人の中国語学習
> にも役立った。
> 校閲者張廷彦は，直隷省順天府大興県（現北京市大興県）の人，字は少
> 培，雲鶴と号した。明治 30 年東京高等商業学校の教師として招かれ，同
> 31 年一時帰国，同 33 年再来日し東京帝国大学や陸軍大学校で中国語を
> 教え，その間に東京外国語学校・陸軍経理学校等でも中国語を教えた。
> 東京帝大講師を 30 年勤め，多くの中国語教科書を出し，日本の中国語界
> に大きな足跡を残した。昭和 4 年 2 月 12 日歿した。行年 56 歳。本郷蓬
> 莱町長元寺で葬儀がおこなわれた。

『日華会話筌要』「凡例」は鼻音韻尾について次のように述べている。

> 音尾（ン）ニ終ル者ハ窄音ニシテ鼻音ヲ帯ビザルモノ。
> 音尾（ヌ）ニ終ル者ハ濶音ニシテ鼻音ヲ帯ブル者。

n 韻尾は「窄音」、ng 韻尾は「濶音」であると述べている。

第 2 章 『日清字音鑑』における ng 韻尾の表記方法について

⑮『日清会話語言類集』金島苔水（明治 38 年 7 月、1905）松雲堂

『日清会話語言類集』について、『中国語教本類集成』（第 6 集）「所収書解題」は次のように述べている。

金島苔水著　明治 38 年 7 月　松雲堂発行。1 冊　14.8cm×10.6cm。竹外漁客題言 2 頁　自序 6 頁　五十音 2 頁　目次 12 頁　本文 523 頁　奥附 1 頁。（筆者注：中略）

以上の発音解説のあと本文に入る。この本文は 3 編に分けてある。

第 1 編は 67 課から成っている。各課は 10 数句から 20 句前後の短い句からなっている。それらの句は一部関連した意味内容のものもあるが，多くは相互に関連しない句，いわゆる散語の集まりである。各課の終りには「註」があって，いくつかの語句の意味を解説してある。（筆者注：中略）

第 2 編は短集と題し，全 9 課から成っている。上・下 2 段に分けて，文字通り短い句が収めてある。（筆者注：中略）

第 3 編は五十音引名詞集と題して，単語集である。中国語と日本語の単語を対照してある。日本語の単語を五十音順に配列して，各頁とも上・下 2 段に組んである。（筆者注：中略）

著者金島苔水については，中国語を学習した経歴は不詳である。そして，この本以後も中国語の教本や会話書は書いていない。

『日清会話語言類集』の「四声及ビ各音」は鼻音韻尾について次のように述べている。

窄音ハ鼻音ヲ帯ビザルモノヲ云フ邦語ノ音末ニ（ン）音ヲ有シ清語ニモ亦（ン）音アルモノヲ云フ例ヘバ（安 an）（筆者注：中略）等ノ如シ
潤音ハ音ノ鼻音ヲ帯ブルモノヲ云フ清語ノ音末ニ（ン）音ヲ有シテ邦音ニ有セザルモノハ概シテ潤音ニ屬ス例ヘバ（亮 liang）（筆者注：

本論　中国語カナ表記の音韻学的研究

中略）等ノ如ク（ン）ノ音直チ二鼻端ヨリ出ゾル＝其ノ音末ハ恰カモ
（ク）ノ半濁音二近シ。（筆者注：下線は筆者）

n 韻尾は「窄音」、ng 韻尾は「潤音」であると述べている。そして、ng 韻
尾の発音はクの「半濁音」に近いことを指摘している。

⑯『注釈日清語学金針』馬紹蘭［ほか］（明治 38 年 9 月、1905）日清語学会
　本文は 307 頁であり、「第一章　発音例」・「第二章　説話法《一》」・「第三
章　説話法《二》」・「第四章　会話」・「第五章　補習」からなる。第 1 章から
第 5 章までは日本語中国語対訳単語・フレーズ・会話集である。
　序文によると、編纂者の馬紹蘭は台湾協会専門学校講師、謝介石は台湾協
会専門学校講師謝、杉房之助は日清語学会主幹である。
　「第一章　発音例」は鼻音韻尾について次のように述べている。

　房　　房の音尾は、我が國語の短刀、山水、天地等の語に於ける「ン」
　の音と同じく、口を開き、舌根にて支へたる音を鼻腔に漏すによりて生
　する音にして、英語の（ng）の音に當る。（筆者注：中略）
　飯　　飯の音尾は、我が國語の案内、女、旦那などの語に於ける「ヌ」
　の音と同じく舌頭を上腭に押し付けて支へたる音を鼻腔に漏すによりて
　生ず、即ち英語の（n）の音に當る。（筆者注：中略）
　上記「ヌ」の音字は、國語の（主）、（沼）等の語に於ける「ヌ」の音と
　紛ひやすきを以て本書中にありては何れも「ン」の音字を以て之を表
　することゝせり。

ng 韻尾の発音は英語 ng に近いことを指摘している。

⑰『清語正規』清語学堂速成科（明治 39 年 4 月、1906）文求堂書店

192

第 2 章 『日清字音鑑』における ng 韻尾の表記方法について

　本書の本文は 245 頁であり、「第一編　官話声音解」・「第二編　単語集」・「第三編　官話文法編」・「第四編　官話問答編」からなる。「原口新吉」の序によると、『清語正規』は清語学堂速成科の教科書であり、清語学堂速成科は陸軍通訳を養成するため創立したものである。本書「第一編　官話声音解」は鼻音韻尾について次のように述べている。

　　寛音とは十分に喉を開き「ン」の音をば鼻腔を通して音響太く發する音
　　を云ひ窄音とは先づ「ン」を發し其未だ鼻腔に脱けざる中急に舌を上顎
　　に當て音尾をば「ヌ」と清んで結ぶ音を云ふ。

　n 韻尾は「窄音」、ng 韻尾は「寛音」であると述べている。

⑱『日華時文辞林』中島錦一郎、杉房之助（明治 39 年 6 月、1906）東亜公司
　本書は中国語応用文の単語・フレーズ・文章集である。体裁は日本語中国語対訳の形式であり、「発音例」では鼻音韻尾について記述している。記述は⑯『注釈日清語学金針』と同文である。

⑲『北京官話日清会話捷径』甲斐靖（明治 39 年 7 月、1906）弘成館書店
　本書は本文が 484 頁であり、「第一編　緒論」・「第二編　会話」・「第三編　尺牘」からなる。「第二編　会話」は日本語中国語対訳単語・フレーズ・会話集である。「第一編　緒論」は鼻音韻尾について次のように述べている。

　　窄音　發音狭窄にして語尾に清楚なる「ン」の響を有するものを云ふ。
　　例へば三（筆者注：中略）等の如し。即ち清語の語尾に「ン」音ありて
　　我が邦音にも亦「ン」音あるもの是なり。而して英語發音にては「n」に
　　終るものとす。
　　潤音　發音寛潤にして多く鼻音を帶ぶるものを云ふ。例へば方（筆者

193

注：中略）等の如し。即清話の音尾に「ン」音ありて我が邦音には「ン」音なきもの是なり。而して英語發音にては（ng）に終るものとす。（筆者注：下線は筆者）

　n 韻尾は「窄音」、ng 韻尾は「濶音」であると述べている。そして、ng 韻尾の発音は英語 ng に近いことを指摘している。

⑳『初歩支那語独修書』原口新吉（明治 38－39 年、1905－1906）広報社

　本書は上下 2 冊からなっている。扉によると、講述者の原口新吉は刊行当時早稲田大学講師・清語学堂講師である。「第一章　声と音に就ての説明」は鼻音韻尾について次のように述べている。

　　寛音　充分ニ喉ヲ開キ「ん」ノ音ヲ少シモ他ニ響カセズ鼻ヲ通ジテ音響太ク發ス可シ。
　　窄音　最始「ん」ノ音ヲ發シ鼻ニ抜ケザル内、急ニ舌ヲ上顎ニ當テ「ぬ」ト音尾ヲ清ク結ブ可シ。

　n 韻尾は「窄音」、ng 韻尾は「寛音」であると述べている。

㉑『日清英会話』谷原孝太郎（明治 40 年 6 月、1907）実業之日本社

　本書の本文は 662 頁であり、「単語門」・「普通会話門」・「商業会話門」・「日清英会話清語附録」からなる。体裁は日本語・中国語の対訳形式であり、内容は中国語の単語・フレーズ・会話集である。扉によると、著者の谷原孝太郎は刊行当時、金沢商業学校清語教授である。「凡例」は鼻音韻尾について次のように述べている。

　　窄發　音の窄狭にして鼻音を帯びず清語及び邦音共に音末に「ン」音ある者は均しく此音に属して英語發音末「n」に終るが如し　例、官（筆

194

者注：中略）。

潤音　音の寛潤にして鼻音を帯び清語の音末に「ン」音あり我が邦音に
「ン」音を有せざる者は概して此音に属し<u>英音語尾に「ng」を附する者</u>
例、<ruby>上<rt>シャン</rt></ruby>（筆者注：中略・下線は筆者）。

　n 韻尾は「窄音」、ng 韻尾は「潤音」であると述べている。そして、ng 韻
尾の発音は英語 ng に近いことを指摘している。

㉒『清語講義録第 1 期第 1 号』皆川秀孝（明治 41 年 8 月、1908）東亜学会

　『清語講義録_{第 1 期第 1 号}』について、『中国語教本類集成』（第 8 集）「所収書
解題」は次のように述べている。

　　編輯兼発行人皆川秀孝　明治 41 年 8 月　東亜学会発行。1 冊　22.0cm×
　　15.0cm。目次 1 頁　写真 2 葉　発刊の辞 2 頁　本文 62 頁　科外講義 24
　　頁　時事雑録 6 頁　会告 2 頁　東亜学会設立趣旨 1 頁　課程表 1 頁　会
　　則 4 頁　広告 11 頁　奥付 1 頁（筆者注：中略）
　　この講義録は，第 2 号以下が続刊された時期は不詳である。編輯者の皆
　　川秀孝は，明治 32 年 9 月東京外国語学校清語学科の別科に入学，翌 33
　　年善隣書院にも入学し，同 34 年同別科を修了した。明治 35 年四川省成
　　都の武備学堂の教習となる。日露戦争には陸軍通訳となり，その後青柳
　　篤恒が中心となった早稲田大学清国留学生部で明治 38 年 9 月から 41 年
　　まで中国留学生に日本語を教えた。明治 41 年文求堂書店から『支那語動
　　詞形容詞用法』を出した。

「第三章　発音」は鼻音韻尾について次のように述べている。

　　<ruby>寛<rt>・</rt></ruby><ruby>音<rt>・</rt></ruby>は音尾の鼻にかゞる音で発音すると同時に口を結んで音尾を鼻より
　　洩らすのである。

本論　中国語カナ表記の音韻学的研究

　窄音は鼻音は音尾の鼻にかゞらざる音で發音と同時に口を少し開くのである。

　次に例を舉ぐれば

寛音　剛（カン）堂（タン）莽（マン）上（シアン）

窄音　甘（カヌ）壇（タヌ）満（マヌ）扇（シアヌ）　（筆者注：中略）

　n 韻尾は「窄音」、ng 韻尾は「寛音」であると述べている。

㉓ 『北京官話日清商業会話』足立忠八郎（明治 42 年 2 月、1909）金刺芳流堂

　本書の本文は 232 頁であり、「単辞」・「入門」・「会話」・「附録」からなっている。「単辞」・「入門」・「会話」は日本語中国語対訳単語・フレーズ・会話集である。「緒言」は鼻音韻尾について次のように述べている。

　　寛音　語尾ヲ鼻音ニ發スルモノ即チ「ン」ニ終ル發音トス 章（チャン）（筆者注：
　　中略）等ナリ
　　窄音　語尾鼻端ニ響カズ「ヌ」ニ終ルモノ即チ三（サヌ）（筆者注：中略）ノ如
　　シ。

　n 韻尾は「窄音」、ng 韻尾は「寛音」であると述べている。

㉔ 『日清英露四語合璧』呉大五郎、鄭永邦（明治 43 年 8 月、1910）島田太四郎

　資料①『日漢英語言合璧』の増訂版である。鼻音韻尾についての記述は資料①『日漢英語言合璧』と同文である。

　以上、明治期中国語教科書がどのように鼻音韻尾を認識しているかについて概観した。共通するところを纏めると、次のとおりとなる。

　（1）　資料⑨・⑯・⑱を除いて n 韻尾は「窄音」、ng 韻尾は「寛音」また

196

は「濁音」と記述される。

(2) 資料①・③・④・⑤・⑮・㉔は ng 韻尾の発音が日本語「クの半濁音」、または「グ」の音に近いと記述している。

(3) 資料①・③・⑧・⑨・⑩・⑪・⑫・⑬・⑯・⑱・⑲・㉑・㉔は ng 韻尾の発音が英語 ng の音に近いと記述している。

さらに（3）を一歩進んで考えてみる。英語 ng は日本語で普通「グ」で表記される。中国語 ng 韻尾が英語 ng の音に近いとすれば、「グ」に近い表記で表しても妥当であろう。（3）を（2）に代入してみるならば、ng 韻尾を「グ」に近い表記で表す発想は広い範囲に分布していたのではないかと思われる。

4 まとめ

江戸中期の国学者本居宣長は著『地名字音転用例』において、上代文献における中国語の ng 韻尾がガ行音で表記されることを発見した。

明治 10 年（1877）刊行された大槻文彦『支那文典』は「ング」で中国語の ng 韻尾を表記している。

そして、明治期中国語教科書における鼻音韻尾についての記述を調べると、中国語の ng 韻尾を「グ」に近い表記で表すという発想は広い範囲に分布していたことがわかった。

したがって、『日清字音鑑』に見られる「グ」の鼻濁音「ク・」が ng 韻尾を表すという表記方法は独創によるものではなく、江戸中期からの一連の発想の中に位置づけられるべきであると考えられる。

第 5 節　終りに

本章は『日清字音鑑』における ng 韻尾の表記方法について検討したものである。

本論　中国語カナ表記の音韻学的研究

　第 1 節では、中国語教科書である『日清字音鑑』を紹介した。

　『日清字音鑑』は日本漢字音によって中国語の発音が引けるように編纂された中国語の発音一覧表である。体裁は『韻鏡』に似ている。初版は明治 28 年（1895）6 月に発行された。「緒言」9 頁、「索引目録」3 頁、本文 89 頁からなる。

　『日清字音鑑』の筆頭編纂者は伊沢修二、同著者は大矢透、校正者は張滋昉である。『日清字音鑑』は伊沢修二の最初の音韻研究書である。

　『日清字音鑑』は中国語音をより精確に表記するため注音用の記号を工夫している。工夫は次の 5 点が挙げられる。

①　漢字の左側にウェード式ローマ字綴りを付けている。

②　視話法の原理に照らして記号「。」・「｜ツ」・「ﾉス」を工夫した。

③　撮口韻を表記するため合字「⌒ｨｩ」を工夫した。

④　ウェード式ローマ字の「ê」では中国語音を精確に表記できないことを恐れ、合字「⌒ｫｴ」「⌒ｫｱ」「⌒ｫｩ」を工夫した。

⑤　中国語カナ表記の右側に線を引くことによって声調を表記している。

　第 2 節では、『日清字音鑑』における鼻音韻尾の中国語カナ表記について検討した。

　『日清字音鑑』は n 韻尾を撥音「ン」、ng 韻尾を記号「ク･」として整然と表記を分けている。このような表記方法は明治期 84 冊の中国語教科書と比較すると、珍しいことと思われる。

　『日清字音鑑』に見られる記号「ク･」で ng 韻尾を表記する方法について、実藤恵秀（1943b）は「苦心發明」、村上嘉英（1966）は「新造符号」と指摘している。

　伊沢修二の手で試案された、記号「ク･」で台湾語の ng 韻尾を表記する方法について、小川尚義（1900）は「新假字」と指摘している。

198

第3節では、記号「ク˚」について検討した。

記号「ク˚」について、『日清字音鑑』の「緒言」は「關東ノカ˚行」と記している。

橋本進吉（1949）は「明治以降、特に発音を明示する場合に nga　ngi　ngu　nge　ngo をカ˙ キ˙ ク˙ ケ˙ コ˙ またはカ゜ キ゜ ク゜ ケ゜ コ゜ で示すことがある」と述べている。

川本栄一郎（1990）は幕末からガ行鼻濁音は鼻音要素を表すため、独自の表記「カ゜ キ゜ ク゜ ケ゜ コ゜」・「ガ ギ グ ゲ ゴ」が成立したと指摘している。

よって、『日清字音鑑』に見られる記号「ク˚」は新造符号ではなく、「グ」の鼻濁音表記であると考えられる。

第4節では、『日清字音鑑』が「グ」の鼻濁音「ク˚」を使って中国語の ng 韻尾を表記する理由を検討した。

本居宣長『地名字音転用例』（寛政 12 年、1800）は上代文献において、中国語の ng 韻尾がガ行音で表記されていることを発見した。纏めると、次のようになる。

　　　宕摂字「相」：相模さが<u>む</u>　相楽さが<u>ら</u>か

　　　宕摂字「香」：香美か<u>が</u>み　伊香い<u>か</u>が　香止か<u>が</u>と　香山か<u>ぐ</u>やま　伊香い<u>か</u>ご

　　　宕摂字「良」：久良く<u>ら</u>ぎ

　　　宕摂字「囊」：美囊み<u>な</u>ぎ

　　　宕摂字「宕」：宕野た<u>ぎ</u>の　愛宕お<u>た</u>ぎ　愛宕あ<u>た</u>ご

　　　宕摂字「當」：當麻た<u>ぎ</u>ま　布當ふ<u>た</u>ぎ

　　　宕摂字「望」：望多う<u>ま</u>ぐに

　　　曽摂字「綾」：餘綾よろ<u>ぎ</u>　（筆者注：下線は筆者）

大槻文彦『支那文典』（明治 10 年、1877）は中国語の ng 韻尾を「ング」で

本論　中国語カナ表記の音韻学的研究

表記している。纏めると、次のようになる。

　　通摂字：　東テユング　甕ウング　風フング　中チユング
　　宕摂字：　涼リヤング　房フアング　當タング　喪サング　缸キヤング
　　梗摂字：　平ピング　丁テイング
　　曽摂字：　朋パング

　また、明治期中国語教科書における鼻音韻尾についての記述を調べると、
中国語の ng 韻尾を「グ」に近い表記で表すという発想が広い範囲に分布して
いたことがわかった。

　先行研究の実藤恵秀（1943b）や村上嘉英（1966）は、『日清字音鑑』の ng
韻尾の表記法を独創的なものと指摘した。しかし、「ク・」という記号自体、
及び「グ」に近い表記で ng 韻尾を表そうとする発想といった 2 点からみれば、
『日清字音鑑』における ng 韻尾の表記法は独創によるものではなく、江戸中
期からの一連の発想の中に位置づけられるべきであると考えられる。

結論　明治期中国語教科書の特徴

1 本書の纏め

　明治期は日本の文明開化の時期である。日本に新しい制度が導入され、新しい文物が取り入れられた。

　一方、明治期の中国語教育において数多くの学習教科書が使用された。本書では、明治期中国語教育に使用された学習教科書を一括して「明治期中国語教科書」と称する。本書は、日本の文明開化の時期における明治期中国語教科書がどのようなものであるかについて、検討したものである。

　明治期中国語教科書についての先行研究は、大きく4種類に分けられる。一つ目は教科書の書目の収録である。二つ目は教科書の書誌である。三つ目は教科書の復刻刊行である。四つ目は中国語教育史の視点から中国語教科書を検討するものである。

　本書は先行研究に負うところが多い。しかしながら、調べた限り先行研究には語学的に教科書を検討する記述は見られない。したがって、本書は語学的な視点から明治期中国語教科書にアプローチした。

　明治期中国語教科書にはカナ表記で中国語の発音を表すものがある。本書は、中国語の発音を表すカナ表記を「中国語カナ表記」と称することにした。カナは古くから中国語の発音を表す文字として利用されている。そこで、本書はカナ表記を手掛かりにし、音韻学や表記論の視点から明治期中国語教科書を検討した。

　本書で取り扱った明治期中国語教科書は、『中国語教本類集成』に復刻されたものと、国立国会図書館近代デジタルライブラリー「http://kindai.ndl.go.jp/」にインターネットで公開されているものである。中国語カナ表記のある明治期中国語教科書を調査資料としており、資料数は84点である。本書では資料の中で特に『大清文典』と『日清字音鑑』に注目した。

　『大清文典』は明治10年（1877）、刊行された中国語文法書である。『大清文典』「第一章　論音（母）」と「第二章　論字」には中国語の発音を表すため中国語カナ表記が付けられている。「凡例」には「唐音及ビ俗語ノ解シ難キ

203

者ハ、重寛頴川君ノ一讀ヲ經テ、音義ヲ施ス焉」とあり、中国語カナ表記は頴川重寛によって付けられている。頴川重寛は明治初期中国語教育の中心的な教師である。そこで、『大清文典』を考察すれば、明治初期中国語教育の検討に役立つのではないかと思われる。

　『日清字音鑑』は明治28年（1895）、伊沢修二によって編纂された中国語発音一覧表である。中国語音をより精確に表記するため、注音用の記号を工夫している。先行研究の魚返善雄（1942）・竹内好（1942）・実藤恵秀（1943b）・六角恒広（1959）・埋橋徳良（1999）・朱鵬（2001）などによると、『日清字音鑑』をはじめとする伊沢修二の中国語発音表記法は、明治期中国語教育において近代的・科学的・独創的なものである。そこで、『日清字音鑑』の注音用の記号を検討すると、明治期中国語教科書の発音表記法を再認識できるのではないかと思われる。

　本論の第1章では、明治期中国語教科書である『大清文典』を取り上げて検討した。

　第1節では、『大清文典』の内容について概観した。

　『大清文典』は、中国語で書かれた最初の中国語口語文法書である『文学書官話』の訓訳本である。明治10年（1877）、金谷昭によって訓点された。「原序」2丁・「例言」1丁・「目録」1丁・「本文」53丁・「漢英對譯緊要語」2丁からなっている。

　『大清文典』の「第一章　論音（母）」と「第二章　論字」において、漢字の発音を表すため中国語カナ表記が付けられている。例を挙げると、次のとおりである。

　　　移イー　　　奥アウ　　　園イユエン　　　汗アン　　　四スー　　　郡ギユイン

　上記の中国語カナ表記について、『大清文典』「凡例」は次のように述べて

いる。

> 唐 - 音及俗 - 語ノ難キレ解シ者ハ、經二重 - 寬頴 - 川 - 君之一 - 讀ヲ一、而施
> スニ音 - 義ヲ一焉
> 唐音及ビ俗語ノ解シ難キ者ハ、重寬頴川君ノ一讀ヲ經テ、音義ヲ施ス焉。
> （筆者注：書き下しは筆者）

『大清文典』の中国語カナ表記は頴川重寬によって付けられたことがわかる。

第2節では、近世訳官系唐音資料の種類を検討した。

頴川重寬は代々長崎唐通事の家系の出身である。よって、頴川重寬によって付けられた中国語カナ表記を考察するには、長崎唐通事の中国語を検討する必要があると思われる。

ケンペル『日本誌』・西川如見『増補華夷通商考』・新井白石『東音譜』・朝岡春睡『四書唐音弁』・篠崎東海『朝野雑記』・岡島冠山『唐音雅俗語類』『唐訳便覧』・文雄『三音正譌』・『麁幼略記』（作者不詳）・『韻鏡藤氏伝』（藤原直養伝・冨森一斎著）・湯浅常山『文会雑記』・江村北海『授業編』・本居宣長『漢字三音考』の記述によると、江戸時代に日本に伝わった中国語は種類が多く、「南京」・「官話」・「杭州」・「浙江」・「福州」・「漳州」・「泉州」などが挙げられる。

また、具体的に長崎唐通事の中国語音を反映する資料、いわゆる近世訳官系唐音資料は、有坂秀世（1938）・高松政雄（1985）・湯沢質幸（1987）・岡島昭浩（1992）などの指摘により南京官話系資料と杭州音系資料の2種類に大きく分けられる。

なお、『麁幼略記』はカナで「福州音」を記している。篠崎東海『朝野雑記』に所収された「長崎通事唐話会」はカナで「漳州話」を記している。

よって、近世訳官系唐音資料は南京官話系資料・杭州音系資料・福州音系

資料・漳州音系資料の 4 種類が挙げられると考えられる。

　第 3 節では、中国語音韻学の観点から頴川重寛によって付けられた中国語カナ表記を検討した。

　頴川重寛は代々長崎唐通事の家系の出身である。長崎唐通事の中国語音を反映する資料は近世訳官系唐音資料である。近世訳官系唐音資料は南京官話系資料・杭州音系資料・福州音系資料・漳州音系資料の 4 種類が挙げられる。そこで、『大清文典』の中国語カナ表記は 4 種類のどれに一致するか、一文字ずつ比較すべきであろうと考えられる。

　本書では、有坂秀世（1938）や岡島昭浩（1992）などにより、次の 11 冊の近世訳官系唐音資料を対照資料として選択した。

　【杭州音系資料】
　『唐話纂要』、『南山俗語考』、『忠義水滸伝解』、『四書唐音弁』の「浙江音」
　【南京官話系資料】
　『唐音雅俗語類』、『唐語（話）便用』、『唐訳便覧』、『四書唐音弁』の「南京音」
　【福州音系資料】
　『麁幼略記』の「福州音」、『朝野雑記』「長崎通事唐話会」の「福州音」
　【漳州音系資料】
　『朝野雑記』「長崎通事唐話会」の「漳州音」

　上記の 4 種類 11 冊の資料と『大清文典』を中古音系の枠組みに基づいて対比した。比較する際に、できるだけ同じ文字を用例として採ったが、同じ文字のない場合に同小韻・同音他字（声調を無視する同小韻）を利用した。全 168 例は〔表 4〕「分紐分韻表」に纏めた。

　現代中国語の方言区画では福州音と漳州音は共に閩語に属しているので、福州音系資料と漳州音系資料を一括して考察している。結果には次のような

結論　明治期中国語教科書の特徴

相違点が見られた。

① 　福州音系資料・漳州音系資料はタ行破裂音「タ」・「テ」で舌上音知母・澄母を表記している。

② 　舌上音知母・澄母のほか、相違点も見られる。声母・韻母別によってそれぞれ〔表5〕と〔表6〕に纏めた。

①・②のような相違点からみれば、『大清文典』の性格は福州音系資料・漳州音系資料とは異なっていると考えられる。

次に、『大清文典』を杭州音系資料・南京官話系資料と比較すると、南京官話系資料と異なって杭州音系資料に類似しているところは数多く見られた。纏めると、次のようになる。

【声母】

①全濁声母（奉母・匣母を除く）

　『大清文典』は杭州音系資料と同じく濁音表記で全濁声母を表記している。対して南京官話系資料は清音表記で全濁声母を表記している。

②全濁声母の奉母

　『大清文典』は杭州音系資料と同じくアヤワ行で奉母を表記している。対して南京官話系資料はハ行で奉母を表記している。

③全濁声母の匣母

　『大清文典』は杭州音系資料と同じくアヤワ行で匣母を表記している。対して南京官話系資料はハ行で匣母を表記している。

【韻母】

①止摂開口舌・歯音（破裂音に限って）

　精組であれ、照組であれ、『大清文典』は杭州音系資料と同じく「⑦ウ」で匣母を表記している。対して南京官話系資料は、「⑦ウ」で精組、「④イ」で照組を表記している。

207

②薬韻

　　『大清文典』は杭州音系資料と同じく「⑦ヤ（ツ）」で薬韻を表記している。対して南京官話系資料は「⑦ヨツ」で薬韻を表記している。

③入声韻尾

　　『大清文典』は杭州音系資料の『唐話纂要』・『南山俗語考』・『忠義水滸伝解』と同じく無表記であるが、南京官話系資料は「ツ」で表記している。

　以上、声母・韻母別に列挙した類似点からみると、『大清文典』の中国語カナ表記は杭州音系統の唐音資料に近いのではないかと考えられる。

　本論の第 2 章では、『日清字音鑑』における ng 韻尾の表記方法について検討した。

　第 1 節では、『日清字音鑑』という中国語教科書を紹介した。

　『日清字音鑑』は日本漢字音によって中国語の発音が引けるように編纂された中国語の発音一覧表である。初版は明治 28 年（1895）6 月に発行された。「緒言」9 頁、「索引目録」3 頁、本文 89 頁からなる。

　『日清字音鑑』の筆頭編纂者・伊沢修二（1851—1917）は、明治・大正期の教育家であり、教科書編纂・国家教育運動・師範教育・音楽教育・体育教育・盲唖教育・台湾をはじめとする植民地教育および中国語の言語研究、吃音矯正事業等において先駆的業績を残した人物である。『日清字音鑑』は伊沢修二の最初の音韻研究書である。

　同著者の大矢透（1850—1928）は明治・大正時代の国語国文学者であり、帝国学士院恩賜賞受賞者である。文部省国語調査委員として、仮名字体の歴史的変遷の研究を中心とし、古訓点・万葉仮名・五十音図・いろは歌・『韻鏡』などの研究に業績を残している。著書に『仮名遣及仮名字体沿革史料』・『韻鏡考』・『隋唐音図』・『音図及手習詞歌考』などがある。また、大矢透は田中

東作という人の紹介で伊沢修二に出会い、伊沢修二の部下として文部省に務めていた。そして、文部省非職後、伊沢修二の縁により大日本図書株式会社に務めた。

　校閲者の張滋昉（1839—1900）は明治時代の中国語教育の鼻祖とされ、明治時代の中日連携事業に積極的な貢献を成した人物である。伊沢修二は張滋昉に中国語を教わった。また、『日清字音鑑』の声調は張滋昉によって校正された。

　『寛永五年板韻鏡』と比較した結果、図示・声調・配列の3点からみると体裁において『日清字音鑑』は『韻鏡』に似ていると考えられる。

　『日清字音鑑』は中国語音をより精確に表記するため注音用の記号を工夫している。工夫は次の5点が挙げられた。

① 　漢字の左側にウェード式ローマ字綴りを付けている。

② 　視話法の原理に照らして記号「。」・「｜ツ」・「ﾊス」を工夫した。

③ 　撮口韻を表記するため合字「ｲｳ」を工夫した。

④ 　ウェード式ローマ字の「ê」では中国語音を精確に表記できないことを恐れ、合字「ｵｪ」「ｵｧ」「ｵｳ」工夫した。

⑤ 　中国語カナ表記の右側に線を引くことによって声調を表記している。

　第2節では、『日清字音鑑』における鼻音韻尾の中国語カナ表記について検討した。

　『日清字音鑑』にはn韻尾のある音節は937例ある。すべて「an・安・アン」・「fan・返・ファン」・「lin・吝・リィン」のように、撥音「ン」で表記される。

　『日清字音鑑』にはng韻尾のある音節は694例ある。50頁の「fêng・縫・フォｳン」・「mêng・萌・ムォｪン」と59頁の「lêng・睖・ルォｪン」の3例を

除き、691 例はすべて「ang・骯・アク゚」・「fang・防・ファク゚」・「liang・亮・リィァク゚」のように、記号「ク゚」で表記される。

　以上のように、『日清字音鑑』は n 韻尾を撥音「ン」、ng 韻尾を記号「ク゚」として整然と表記を分けている。

　一方、明治期 84 冊の中国語教科書を調査すると、鼻音韻尾の中国語カナ表記は次の 5 つのパターンが挙げられる。

　①n 韻尾は「ン」、ng 韻尾は「ング」（『支那文典』）
　②n 韻尾は「ヌ」、ng 韻尾は「ン」（『日漢英語言合璧』）
　③n 韻尾は「ン」、ng 韻尾は「ン」（『支那語独習書第一編』）
　④n 韻尾は「ン」、ng 韻尾は「ンヌ」（『亜細亜言語集支那官話部』（再版））
　⑤n 韻尾は「ン」、ng 韻尾は「ヌ」（『支那語独習書』）

　明治期 84 冊の中国語教科書と比較すると、『日清字音鑑』に見られる記号「ク゚」で ng 韻尾を表記する方法は珍しいのではないかと思われる。

　『日清字音鑑』に見られる記号「ク゚」で ng 韻尾を表記する方法については、実藤恵秀（1943b）は「苦心發明」、村上嘉英（1966）は「新造符号」と指摘している。

　伊沢修二の手で試案された、記号「ク゚」で台湾語の ng 韻尾を表記する方法について、小川尚義（1900）は「新假字」と指摘している。

　第 3 節では、記号「ク゚」の意味について検討した。

　記号「ク゚」について、『日清字音鑑』の「緒言」は「關東ノカ゚行」と記している。

　橋本進吉（1949）は「明治以降、特に発音を明示する場合に nga　ngi　ngu　nge　ngo をカ゚　キ゚　ク゚　ケ゚　コ゚ またはカ゚　キ゚　ク゚　ケ゚　コ゚ で示すことがある。」と述べている。

　川本栄一郎（1990）はガ行鼻濁音表記の系譜を詳しく論述している。調査

210

結論　明治期中国語教科書の特徴

資料は三浦命助『三浦命助日記』（安政2－3年、1855－1856）・三浦命助『獄中記』（安政6－万延2年、1859－1861）・『横文字早学』（編纂者不詳、慶應2年1866）・文部省『単語篇』（明治5年、1872）・石川県学校『単語篇』（明治6年、1873）・岡倉由三郎『日本文典大綱』（明治30、1897）・国語調査委員会『音韻調査報告書』（明治38、1905）・橋本文寿『新国定読本適用実際口語法』（明治45・1912）などである。川本栄一郎（1990）の調査によると、幕末からガ行鼻濁音は鼻音要素を表すため、独自の表記である「カ゚ キ゚ ク゚ ケ゚ コ゚」・「カ゜ キ゜ ク゜ ケ゜ コ゜」が成立している。

　よって、『日清字音鑑』に見られる記号「ク゚」は新造符号ではなく、「グ」の鼻濁音表記であると考えられる。

　ガ行鼻濁音の成立経緯について、川本栄一郎（1990）は「半濁音」パ行P音表記の「゜」と繋がっていると指摘している。

　沼本克明（1997）はガ行鼻濁音表記の起源は半濁音符「゜」の注意機能によって生じたと指摘している。また、半濁音符「゜」の成立と定着について、沼本克明（1997）は唐音資料から影響を受けて成立したものであると指摘している。

　よって、ガ行鼻濁音表記は間接的に唐音資料の注意点「゜」の影響を受けて成立したものではないかと思われる。

　以上を纏めると、『日清字音鑑』に見られれば記号「ク゚」は新造符号ではなく、幕末から成立したガ行鼻濁音表記であり、ガ行鼻濁音表記は間接的に唐音資料の注意点「゜」の影響を受けて成立したものではないかと思われる。

　第4節では、『日清字音鑑』が「グ」の鼻濁音「ク゚」で中国語のng韻尾を表記する理由を検討した。

　本居宣長『地名字音転用例』（寛政12年、1800）は、上代文献において中国語のng韻尾がガ行音で表記されていることを発見した。纏めると、次のようになる。

宕摂字「相」：相模さがむ　相楽さがらか

宕摂字「香」：香美かがみ　伊香いかが　香止かがと　香山かぐやま　伊香いかご

宕摂字「良」：久良くらぎ

宕摂字「嚢」：美嚢みなぎ

宕摂字「宕」：宕野たぎの　愛宕おたぎ　愛宕あたご

宕摂字「當」：當麻たぎま　布當ふたぎ

宕摂字「望」：望多うまぐに

曽摂字「綾」：餘綾よろぎ　（筆者注：下線は筆者）

　大槻文彦『支那文典』（明治 10 年、1877）は中国語の ng 韻尾を「ング」で表記している。纏めると、次のようになる。

　　通摂字：　東テユング　甕ウング　風フング　中チユング

　　宕摂字：　涼リヤング　房フアング　當タング　喪サング　缸キヤング

　　梗摂字：　平ピング　丁テイング

　　曽摂字：　朋パング

　さらに、明治期中国語教科書における鼻音韻尾についての記述を調べると、内容を次のように纏められる。

　明治期中国語教科書の『日漢英語言合璧』・『日清会話』・『兵要支那語』『兵要支那語附朝鮮語』（増訂再版）・『日清会話語言類集』・『日清英露四語合璧』は、ng 韻尾の発音が日本語「クの半濁音」または「グ」の音に近いと記述している。

　明治期中国語教科書の『日漢英語言合璧』・『日清会話』・『清語教科書並続編』・『実用日清会話独修』・『北京官話支那語捷径』・『北京官話実用日清会話』・『日清露会話』・『注釈日清語学金針』・『日華時文辞林』・『北京官話日清会話捷径』・『日清英会話』・『日清英露四語合璧』は、ng 韻尾の発音が英語 ng の音に近いと記述している。英語 ng は日本語で普通「グ」で表記され、中国語 ng 韻尾は英

語 ng の音に近いと考えれば、「グ」に近い表記で表しても妥当であると考えられる。

　上記によると、明治期中国語教科書において ng 韻尾を「グ」に近い表記で表すという発想は広い範囲に分布していたことがわかる。

　したがって、記号「ク˙」の意味、及び記号「ク˙」で ng 韻尾を表記する理由といった 2 点からみると、『日清字音鑑』に見られる「グ」の鼻濁音「ク˙」で ng 韻尾を表すという表記方法は独創によるものではなく、江戸中期からの一連の発想の中に位置づけられるべきであると考えられる。

　以上、本論において『大清文典』と『日清字音鑑』を取り上げて検討した。明らかにした事実は次の 2 点である。

① 　『大清文典』の中国語カナ表記は近世訳官系唐音資料の杭州音系統に一致している。

② 　『日清字音鑑』における ng 韻尾の表記方法は江戸中期からの一連の発想の中に位置づけられる。

　したがって、語学的な視点からみれば、文明開化の時期において明治期中国語教科書は江戸時代の伝統を引き継ぐものではないかと思われる。

2　先行研究との違い

　本論は主として『大清文典』と『日清字音鑑』をめぐって論述している。明らかにした事実は次の 2 点である。

① 　『大清文典』における頴川重寛によって付けられた中国語カナ表記は、近世訳官系唐音資料の杭州音系統に一致している。

② 　『日清字音鑑』における記号「ク˙」で ng 韻尾を表記する方法は、独創によるものではなく、江戸中期からの一連の発想の中に位置づ

213

けられる。

　上の 2 点を先行研究に結び付けると、先行研究との相違点には次の 2 点がある。

2.1　明治初期中国語教育の内容

　『大清文典』の中国語カナ表記は潁川重寛によって付けられている。潁川重寛は明治初期中国語教育の中心的な教師である。そのため、『大清文典』を考察すれば、明治初期中国語教育の検討に役立つと思われる。

　明治初期の中国語教育についての研究は、何盛三（1935）・安藤彦太郎（1958）・六角恒広（1988）・朱全安（1997）・中嶋幹起（1999）・野中正孝（2008）などがある。教育内容に関しては、諸先学の観点を纏めると、次のとおりである。

　何盛三（1935）は「南京官話」と指摘している。

　安藤彦太郎（1958）は「南京官話」と指摘している。

　六角恒広（1988）は「南京語（官話系方言、共通語）」と指摘している。

　朱全安（1997）は「不詳」と指摘している。

　中嶋幹起（1999）は「南京官話」と指摘している。

　野中正孝（2008）は「南方中国語（南京官話）」と指摘している。

　本論の第 1 章で述べたように、長崎唐通事の中国語音を反映する資料、いわゆる近世訳官系唐音資料には南京官話系・杭州音系・福州音系・漳州音系の 4 種類がある。そして、明治初期の中国語教育の中心的な教師・潁川重寛によって付けられた『大清文典』の中国語カナ表記は近世訳官系唐音資料の杭州音系統に一致している。

　したがって、当時の教育内容については、「南京官話」が教授されたというよりも、近世訳官系唐音資料の杭州音系統に即して教授されたと言ったほう

が適切ではないかと考えられる。

2.2 記号「ク・」で中国語の ng 韻尾を表記する方法

『日清字音鑑』をはじめとする伊沢修二の中国語発音表記法は近代中国語教育において近代的・科学的・独創的とされている。『日清字音鑑』は記号「ク・」で中国語の ng 韻尾を表記している。

ng 韻尾の表記法については、実藤恵秀（1943b）や村上嘉英（1966）などの先行研究がある。先学の観点を纏めると、次のとおりである。

実藤恵秀（1943b）は「苦心發明」と指摘している
村上嘉英（1966）は「新造符号」と指摘している。

因みに伊沢修二の手で試案された、記号「ク・」で台湾語の ng 韻尾を表記する方法については、小川尚義（1900）は「新假字」と指摘している。

本論の第 2 章では、記号「ク・」の意味および記号「ク・」で ng 韻尾を表記する理由といった 2 点から考察した。結果として、『日清字音鑑』に見られる「グ」の鼻濁音「ク・」で ng 韻尾を表す表記方法は独創によるものではなく、江戸中期からの一連の発想の中に位置づけられるべきであろうと考えられる。

以上を纏めると、明治期中国語教科書は江戸時代の伝統を引き継ぐものではないかと思われる。

3 本研究の学史的位置づけと今後の課題

本書は、日本の文明開化の時期における明治期中国語教科書とはどのようなものであるかについて、アプローチしたものである。

明治期中国語教科書についての先行研究は、大きく 4 種類に分けられる。一つ目は教科書の書目の収録である。二つ目は教科書の書誌である。三つ目は教科書の復刻刊行である。四つ目は中国語教育史の視点から中国語教科書を検討するものである。しかしながら、先行研究には語学的に教科書を検討

する記述はあまり見られない。

　本書は明治期中国語教科書における中国語カナ表記を手掛かりにして、音韻学に明治期中国語教科書を検討した。『大清文典』と『日清字音鑑』を取り上げて調査した結果、明治期中国語教科書は江戸時代の伝統を引き継ぐものではないかと考えられる。

　研究方法において先行研究と異なり、語学的な観点から具体的に明治期中国語教科書を検討するという点で、学史的に位置づけられるのではないかと思われる。

　ただし、本書では 84 点の明治期中国語教科書のうち、代表的な 2 点だけを検討した。残された教科書の検討は今後の課題としておきたい。

　また、江戸時代の伝統をたち切って、いつから当時の実際の中国語を反映した教科書が成立したのかについても今後の課題としておきたい。

参考文献

有坂秀世（1938）「江戸時代中頃に於けるハの頭音について」『国語と国文学』
　　15－10　東京帝国大学国語国文学研究室

安藤彦太郎（1958）「日本の中国語研究（明治以后）」の項『中国語学事典』
　　所収　中国語　学研究会

安藤彦太郎（1988）『中国語と近代日本』岩波書店

石崎又造（1940）『近世日本に於ける支那俗語文学史』弘文堂書房

岩生成一（1953）「近世日支貿易に関する数量的考察」『史学雑誌』62－11　史
　　学会

岩本真理（1989）「『南山俗語考』のことば」『鹿児島経大論集』30－1

埋橋徳良（1999）『日中言語文化交流の先駆者——太宰春台、阪本天山、伊沢
　　修二の華音研究』白帝社（引用は 2000 年の第 2 刷による）

王順洪（2003）「日本明治時期的漢語教師」『漢語学習』2013－1　延邊大学

王宝平（2009）「明治時代に来日した文人張滋昉の基礎的研究」『アジア文化
　　交流研究』4　関西大学アジア文化交流研究センター

王力（1980）『漢語史稿』中華書局（引用は 2012 年の重排本の第 17 刷による）

魚返善雄（1942）「支那語界・回顧と展望」『中国文学』83　中国文学研究会

岡島昭浩（1987）「近世唐音の重層性」『語文研究』63　九州大学国語国文学
　　会

岡島昭浩（1992）「近世唐音の清濁」『訓点語と訓点資料』88　訓点語学会

小川尚義（1900）「仮名遣ニ関スル調」『国語研究会報』1　台湾日日新報社（引
　　用は『台湾教育会雑誌』（巻 1）による）

郭紅（2009）「『上海土音字写法』与高弟丕的方言拼音体系」『語文建設通訊』
　　93　香港中国語学会

何盛三（1935）『北京官話文法』東学社（引用は国立国会図書館近代デジタル

ライブラリーによる）

川本栄一郎（1990）「幕末の『獄中記』に見られるガ行鼻音表記とその系譜」
　　『国語論究』2　明治書院

栗田元次（1952）『新井白石の文治政治』石崎書店

胡安順（2003）『音韻学通論』（第 2 版）中華書局

実藤恵秀（1943a）「支那語書誌学（1）―大清文典・支那文典―」『支那語雑
　　誌』3－6　蛍雪書院

実藤恵秀（1943b）「支那語書誌学（4）―日清字音鑑―」『支那語雑誌』3－9
　　蛍雪書院

朱全安（1997）『近代教育草創期の中国語教育』白帝社

朱鵬（2001）「伊沢修二の漢語研究（上）」『天理大学学報』52－2

邵艶（2005）「近代日本における中国語教育制度の成立」『神戸大学発達科学
　　部研究紀要』12－2

舒志田（1998）「『文学書官話』の成立及び日本への流布」『語文研究』85　九
　　州大学国語国文学会

曽暁渝（1991）「論『西儒耳目資』的語音基礎及明代官話的標準音」『西南師
　　範大学学報（哲社版）』1991－1

高松政雄（1985）「近世唐音弁―南京音と浙江音―」『岐阜大学国語国文学』
　　17

竹内好（1942）「伊沢修二のこと」『中国文学』83　中国文学研究会

詹伯慧著・樋口靖訳（1983）『現代漢語方言』光生館

張衛東（1998a）「試論近代南方官話的形成及其地位」『深圳大学学報（人文社
　　会科学版）』1998－3

張衛東（1998b）「北京音何時成為漢語官話標準音」『深圳大学学報（人文社会
　　科学版）』1998－4

趙元任（1928）『現代呉語的研究』清華学校研究院（引用は 2011 年に商務印
　　書館第 1 版による）

趙元任・羅常培・李方桂訳（1966）『中国音韻学研究』（二版）台湾商務印書館

張美蘭（2007）「明治時代の中国語教育とその特徴」『中国 21』27　愛知大学現代中国学会

唐作藩（2002）『音韻学教程』（第三版）北京大学出版社

鳥井克之（1981）「大槻文彦解『支那文典』について―『文学書官話』の和刻本―」『関西大学東西学術研究所創立三十周年記念論文集』関西大学出版部

中嶋幹起（1999）「唐通事の担った初期中国語教育」『東京外国語大学史―独立百周年（建学百二十六年）記念―』東京外国語大学史編纂委員会

中田敬義（1942）「明治初期の支那語」『中国文学』83　中国文学研究会

中村質（1971）「近世貿易における唐船の積荷と乗組員―関係史料とその性格について―（上）」『九州産業大学商經論叢』12－1

沼本克明（1990）「半濁音符史上に於ける唐音資料の位置」『国語学』162　国語学会

沼本克明（1997）『日本漢字音の歴史的研究―体系と表記をめぐって―』汲古書院

沼本克明（2013）『歴史の彼方に隠された濁点の源流を探る』汲古書院

野中正孝（2008）『東京外国語学校史』不二出版

橋本進吉（1949）『文字及び假名遣の研究』岩波書店

藤井茂利（1992）「『南山俗語考』の華音表記―カタカナの右側の傍線―」『福岡大学日本語日本文学』2

増澤彰夫（1993）「亜細亜の中国語教育」『亜細亜報告・亜細亜協会報告』（解説 2）不二出版

松浦章（1972）「長崎来航唐船の経営構造について」『史泉』45　関西大学史学・地理学会

武藤長平（1926）『西南文運史論』岡書院

村上嘉英（1966）「日本人の台湾における閩南語研究」『日本文化』45　天理大学

湯沢質幸（1987）『唐音の研究』勉誠社

楊剣橋（2005）『漢語音韻学講義』復旦大学出版社

楊福綿（1995）「羅明堅、利馬竇『葡漢詞典』所記録的明代官話」『中国語言学報』5　中国語言学会

李海英（2013）「従日本明治刻本『大清文典』看『文学書官話』的学術価値」『図書館理論与実践』162　寧夏回族自治区図書館学会

魯国堯（1985）「明代官話及其基礎方言問題」『南京大学学報』1985－4

六角恒広（1959）「伊沢修二とその中国語研究」『早稲田商学』138 早稲田商学同攷会

六角恒広（1984）『近代日本の中国語教育』（再版）不二出版

六角恒広（1988）『中国語教育史の研究』東方書店

六角恒広（1989）『中国語教育史論考』不二出版

六角恒広（1999）『漢語師家伝――中国語教育の先人たち』東方書店

Bernhard Karlgren（1915－1926）『Etudes sur la phonologie Chinoise』（引用は趙元任・羅常培・李方桂訳（1966）による）

【使用辞書・資料】

『新井白石全集』（第 4 集）国書刊行会　1977　国書刊行会

『安永九年安房千倉漂着南京船元順号資料―江戸時代漂着唐船資料集五―』大庭脩　1990 関西大学東西学術研究所

『安政二・三年漂流小唐船資料―江戸時代漂着唐船資料集八―』松浦章　2008 関西大学東西学術研究所

『異国叢書　ケンプエル江戸参府紀行』（第 6 巻）呉秀三訳註　1929　駿南社（引用は国立国会図書館近代デジタルライブラリーによる）

『伊沢修二選集』信濃教育会　1958　信濃教育会

『韻鏡藤氏伝』藤原直養伝・冨森一斎著　1776　書林山本長兵衛［ほか］（引用は岡山大学附属図書館蔵本による）

「外国語学所旧開成学校ヘ合併届」（引用は国立公文書館デジタルアーカイブによる）

参考文献

『華夷変態』（再版）林春勝・林信篤編、浦廉一解説　1981　東洋文庫

『外務省日誌』（自明治四年第一號至同年第五號）（引用は早稲田大学古典籍
　　総合データベースによる）

『外務省の百年』（再版）外務省百年史編纂委員会　1979　原書房

『寛永五年板韻鏡』鈴木真喜男解説　1977　勉誠社

『漢語方音字彙』（第二版重排本）北京大学中国語言文学系語言学教研室
　　2008　語文出版社

『漢字三音考』本居宣長　1785　勢州書林柏屋兵助［ほか］（引用は『本居宣
　　長全集』（第5巻）による）

『寛政元年土佐漂着安利船資料―江戸時代漂着唐船資料集三―』松浦章
　　1989　関西大学東西学術研究所

『寛政十二年遠州漂着唐船萬勝號資料―江戸時代漂着唐船資料集六―』藪田
　　貫　1997　関西大学東西学術研究所

『近代日本総合年表』（第四版）岩波書店編纂部　2001　岩波書店

『銀値調査委員第壹回報告書』金谷昭　1888　経済学協会（引用は国立国会
　　図書館近代デジタルライブラリーによる）

『現代人名辞典』（第二版）古林亀治郎　1912　中央通信社（引用は『明治人
　　名辞典』による）

『広韻校本』（附校勘記）周祖謨　1960　中華書局

『杭州方言詞典』鮑士傑　1998　江蘇教育出版社

『国語学辞典』国語学会　1955　東京堂（春日和男「大矢透」の項を引用）

『国語と国文学』(5巻7号)　東京帝国大学国文学研究室　1928　至文堂（「大
　　矢博士自伝」の篇を引用）

『語言自邇集』張衛東訳　2002　北京大学出版社

『国史大辞典』国史大辞典編集委員会　1979－1997　吉川弘文館（上沼八郎
　　「伊沢修二」の項、中村質「唐通事」の項を引用）

『三音正譌』文雄　1752　平安書肆柳田三郎兵衛（引用は国立国会図書館マ
　　イクロフィルムの紙焼き写真による）

221

『四書唐音弁』朝岡春睡　1722　江戸板木屋勘兵衛（引用は関西大学図書館に所蔵する天明 3 年（1783）版本による）

『授業編』江村北海　1783　京都菱屋孫兵衛［ほか］（引用は『少年必読日本文庫』（第 3 編）による）

『少年必読日本文庫』（第 3 編）岸上操　1892　博文館（引用は国立国会図書館デジタルコレクションによる）

『視話応用清国官話韻鏡音字解説書』伊沢修二　1904　大日本図書（引用は国立国会図書館近代デジタルライブラリーによる）

『視話法』伊沢修二　1901　大日本図書（引用は国立国会図書館近代デジタルライブラリーによる）

『増補華夷通商考』西川如見　1708　寺町五條上ル町梅村弥右衛門［ほか］（引用は『西川如見遺書』（第 4 編）による）

『麁幼略記』作者不詳　明和年間の写本（引用は『唐話辞書類集』（第 16 集）による）

『台湾教育会雑誌』（巻 1）台湾教育会　1902　台湾教育会（『国語研究会報』（第 1 号）を収録。引用は 1994 年にひるぎ社の復刻版による）

『地名字音転用例』本居宣長　1800　名古屋永楽屋東四郎（引用は『本居宣長全集』（第 5 巻）による）

『忠義水滸伝解』陶山冕　1757　浪華書林秦理兵衛［ほか］（引用は『唐話辞書類集』（第 3 集）による）

『中国語学事典』中国語学研究会　1958　江南書院

『中国語関係書書目』六角恒広　1968　早稲田大学語学教育研究所

『中国語関係書書目』（増補版）六角恒広　2001　不二出版

『中国古今地名大辞典』臧励龢　1931　商務印書館香港分館

『中国語教本類集成』（全 10 集）六角恒広　1991－1998　不二出版

『中国語言地図集』中国社会科学院・オーストラリア人文科学院　1987　香港朗文出版

『中国語書誌』六角恒広　1994　不二出版

参考文献

『朝野雑記』篠崎東海　1722（引用は国立国会図書館マイクロフィルムの紙焼き写真による）

『訂正台湾十五音及字母表附八声符号』台湾総督府民政局学務部　1896　台湾総督府民政局学務部（引用は東京大学附属図書館所蔵本の複写による）

『東亜先覚志士記伝』（下巻）黒竜会出版部　1936　黒龍会出版部（引用は1971年に原書房からの復刻版による）

『唐音雅俗語類』岡島冠山　1726　京都出雲寺和泉掾（引用は『唐話辞書類集』（第6集）による）

『東音譜』新井白石　1719（引用は『新井白石全集』（第4集）による）

『東京外国語学校沿革』東京外語学校　1932　東京外語学校（引用は国立国会図書館近代デジタルライブラリーによる）

『東京外国語大学史―独立百周年（建学百二十六年）記念―』東京外国語大学史編纂委員会　1999　東京外国語大学

『唐語（話）便用』岡島冠山　1726　京師書舗伏見屋藤次郎［ほか］（引用は『唐話辞書類集』（第7集）による）

『唐通事会所日録』（第6巻）東京大学史料編纂所　1965　東京大学出版会

『唐通事家系論攷』宮田安　1979　長崎文献社

『唐訳便覧』岡島冠山　1726　京師書舗伏見屋藤次郎［ほか］（引用は『唐話辞書類集』（第7集）による）

『唐話纂要』（増補本）岡島冠山　1718　京都出雲寺和泉掾（引用は『唐話辞書類集』（第6集）による）

『唐話辞書類集』（全20集）長沢規矩也　1969－1976　汲古書院

『長崎県史』（史料編　第四）長崎県史編纂委員会　1965　吉川弘文館

『南山俗語考』薩州府学［ほか］　1812　大阪河内屋太助［ほか］（引用は早稲田大学古典籍総合データベースによる）

『西川如見遺書』（第4編）西川忠亮　1899　西川忠亮（引用は国立国会図書館近代デジタルライブラリーによる）

『日本近現代人名辞典』臼井勝美［ほか］　2001　吉川弘文館

『日本誌』ケンペル　1727－1728（引用は『異国叢書　ケンプエル江戸参府紀行』（第 6 巻）による）

『日本随筆大成』（第 1 期第 14 巻、新装版）日本随筆大成編輯部　1993　吉川弘文館

『文会雑記』湯浅常山　1782（引用は『日本随筆大成』（第 1 期第 14 巻、新装版）による）

『文学書官話』（Mandarin Grammar）高第丕（Crawford. Tarleton P.）・張儒珍　1869（引用は関西大学図書館所蔵本の複写による）

『文化五年土佐漂着江南商船郁長發資料―江戸時代漂着唐船資料集四―』松浦章　1989　関西大学東西学術研究所

『文化十二年豆州漂着南京永茂船資料―江戸時代漂着唐船資料集九―』松浦章　2011　関西大学東西学術研究所

『文政九年遠州漂着得泰船資料―江戸時代漂着唐船資料集二―』田中謙二・松浦章　1986 関西大学東西学術研究所

『文政十年土佐漂着江南商船蔣元利資料―江戸時代漂着唐船資料集七―』松浦章　2006　関西大学東西学術研究所

『方言調査字表』（修訂本）中国社会科学院語言研究所　1981　商務印書館（引用は 2009 年の第 11 刷による）

『法令全書』（明治六年）内閣官報局　1889　内閣官報局（引用は国立国会図書館近代デジタルライブラリーによる）

『實暦三年八丈島漂着南京船資料―江戸時代漂着唐船資料集一―』大庭脩　1985　関西大学東西学術研究所

『明治人名辞典』高野義夫　1987　日本図書センター

『本居宣長全集』（第 5 巻）大野晋　1970　筑摩書房

『訳司統譜』頴川君平　1897　頴川君平（引用は『長崎県史』（史料編　第四）による）

『楽石伊沢修二先生』故伊沢先生記念事業会編纂委員　1919　故伊沢先生記念事業会（引用は『楽石自伝教界周遊前記／楽石伊沢修二先生』による）

『楽石自伝教界周遊前記』伊沢修二君還暦祝賀会　1912　伊沢修二君還暦祝
　　賀会（引用は『楽石自伝教界周遊前記／楽石伊沢修二先生』による）
『楽石自伝教界周遊前記／楽石伊沢修二先生』伊沢修二君還暦祝賀会・故伊
　　沢先生記念事業会　1988　大空社
『Yü Yen Tzǔ êrh Chi』（second edition）Thomas Francis Wade　1886
　　SHANGHAI:the Statistical Department of the Inspectorate general of Customs
　　（引用は『中国語教本類集成』（第 3 集）による）

【URL】

国立国会図書館近代デジタルライブラリー　http://kindai.ndl.go.jp/
国立公文書館デジタルアーカイブ http://www.digital.archives.go.jp/
早稲田大学古典籍総合データベース http://www.wul.waseda.ac.jp/kotenseki/

あとがき

　本書は、中国「2016 年度教育部人文社会科学研究青年基金項目」（課題名：「日本明治期中国語教科書語言研究」課題番号：16YJC740095）の成果の一部である。

　この競争的資金等の研究課題は、私が岡山大学に提出した博士論文を基礎にして申請したものである。この度、博士論文を若干手直し、博雅のお教えを乞いたい。

　光陰矢の如し。私は 2009 年 10 月に交換留学生として岡山大学社会文化科学研究科江口泰生先生のゼミに入った。その時、もう修士 2 年生であったが、研究にとっては完全な素人である。研究テーマもないし、研究方法も分からない。毎日いらいらして居てもたってもいられない。焦っている最中、江口先生から「明治期中国語教科書」という膨大な資料を頂いた。これを少しだけ調べると、中国語教科書の面白さに魅了された。そこで、これを徹底的に明らかにしようと決心した。江口先生のご丁寧な指導の下で、中国語教科書を書誌学的に一冊ずつ調べていった。1 年間の交換留学が終り、やっと 5 万字ぐらいのレポートに纏めた。そのレポートに基づき、中国国家留学基金管理委員会が実施した「国家建設高水平大学公派研究生項目」に申請し、採用された（「録取文号」：留金発［2011］3005 号、「学号」：2011617001）。

　「国家建設高水平大学公派研究生項目」の支援を受けて、2011 年 10 月に再び日本に留学し、岡山大学博士後期課程に進学した。入学後、中国語音を表すカナ表記すなわち「中国語カナ表記」を手掛かりにして、研究を深めようと思った。カナ表記を研究するため、音韻学を勉強し始めた。音韻学というものを英語に訳すと、「Chinese Historical Phonology」になる。これは中古音を中心とする学問であり、中国では絶学と言われるほどである。研究の途中、中古音の理解に苦しみ、挫折感をしばしば味わった。こんな下らない研

227

究を早く諦めるべきではないか、とさえ思ったことがある。その時、江口先生は多忙の中、基礎から平易な言葉で中古音を教えてくださった。今考えても、江口先生の優れた学識に感服させられる。この特別メニューが大きな励みとなり、研究に没頭するようになった。最初に、いくつかの中国語教科書をサンプリングし、其の後『大清文典』と『日清字音鑑』を音韻学的に精査することにした。先生の激励を受け、学会発表に出たり、査読論文に投稿したりした。下記の既発表の論文を加筆修正した上でようやく博士論文にまとめた。

1. 「伊沢修二『日清字音鑑』における ng 韻尾の表記方法について」(『岡大国文論稿』41、2013)
2. 「『大清文典』の中国語カナ表記について」(『岡山大学大学院社会文化科学研究科紀要』37、2014)
3. 「唐船貿易における唐船の出航地と唐船乗組員の出身地について―明治初期中国語教育の背景―」(『岡山大学大学院社会文化科学研究科紀要』38、2014)

2014 年 9 月 30 日、旧暦の 28 歳の誕生日を迎えると同時に博士号を授与された。その日から本格的に研究者としての道を歩み始めた。その第一歩として、博士論文を基礎にして中国「2016 年度教育部人文社会科学研究青年基金項目」に申請した。運がよく採用された。この研究課題からの助成金により、博士論文に一定の加筆・修正を施し、一刻も早く本にまとめようと思ったが、仕事や家事などが立て込んでいるので、出版が今日まで延び延びになってしまった。今度の出版にあたり、再びこの 10 年間の研究生涯を顧みれば、数え切れないほどの方々にお世話になっており、感謝を申し上げたい。

桃李言わざれども下自ずから蹊を成す。博士指導教官の江口泰生先生は、研究テーマの選定から研究方法まで、具体的かつ実践的に私を研究の道へと導いてくださった。レジュメや論文を厳密に添削してくださり、学会発表や

あとがき

論文投稿などを叱咤激励して頂いた。先生は同時にまるで慈父のような存在
であった。講義の後、先生の家族と一緒に野球をトレーニングしたのが昨日
のことのようである。江口先生との出会いがなくしては明治期中国語教科書
に取り組むことが到底考えられない。先生のご恩は永遠に心に刻みつけ、終
生忘れ難い。

　副指導教官の辻星児先生は、中国語音韻学や明治期中国語教育史について
丁寧に教えてくださった。研究に挫折しそうになった折に、いつも励まして
くださった。

　副指導教官の京健治先生は、いつも見落としている間違いや自分で気づけ
ないところなどを指摘してくださった。「日本語史学」の授業を受けて大変勉
強になった。

　山本秀樹先生は論文審査の折に、貴重な御助言をくださり、今後の課題を
得ることができた。特に江戸時代の版本について、自分が不勉強であること
を痛感させられた。

　西山康一先生は予備論文審査の折に、貴重な御助言をくださった。特に、
近代中国語教育史について、貴重な御指摘を頂いた。

　吉林大学日本語学部の劉樹仁先生は私の修士時代の恩師である。先生はい
つも研究や生活など種々な面で暖かく見守ってくださった。学部時代の王長
汶先生は私のよき師でもあり、よき友でもある。王先生は高潔な人格と優れ
た学識で私に輝かしいお手本を示してくださった。また、宿久高先生・于長
敏先生・周異夫先生などの多くの先生方にも多方面からご支援・ご鞭撻を頂
いた。

　三人行へば、必ず我が師あり。先輩や後輩は、研究だけでなく様々な面で
よくアドバイスしてくださり、大変勉強になった。そして、みんなと一緒に
徹夜してレジュメを準備する姿も忘れようにも忘れられない。その研究生活
は私にとって人生で一番美しい思い出であった。

　一人ひとりのお名前を挙げることができないが、本書の出版に当たり、関
係の方々、そして本書の執筆に参考にさせていただいた様々な先行研究の作

者にこの場を借りて深く御礼を申し上げたい。

　最後に、研究助成金を交付してくださった中国教育部に対して、改めて感謝を申し上げるとともに、拙著の出版を快くお受けくださったクロスカルチャー出版の方々に心より御礼を申し上げたい。

　真理に対する追究はとどまるところがない。本書を執筆する際に、カナ表記に止まらず、教科書の語学表現を全面的に研究しようと思ったが、時間・気力・学力などには限りがあるので、今後に期待せざるをえない。誠に遺憾に思いながら本書にまとめた。誤謬などが見出されるかもしれないが、ご指摘をいただけると幸いである。

　末筆ながら、物心両面にわたり支えてくれた両親、互いに切磋琢磨し合う妻、いつも笑ってくれたまだ1歳の娘に対して、感謝を申し上げる。

2018 年吉日　同済大学解放楼にて

張　照旭

著者略歴

張照旭（ZHANG Zhaoxu）

1986年10月 中国山東省済寧市生まれ。

2014年5月 中国「国家建設高水平大学公派研究生項目」に採用。

2014年9月 岡山大学大学院社会文化科学研究科より博士号取得。

現在、中国同済大学日本語学部助理教授。専門は近代日本語、音韻学、明治期中国語教育史。主な論文に「伊沢修二『日清字音鑑』における ng 韻尾の表記方法について」、「『大清文典』の中国語カナ表記について」、「唐船貿易における唐船の出航地と唐船乗組員の出身地について―明治初期中国語教育の背景―」、「『日清字音鑑』から見る北京官話の音韻変遷」がある。競争的資金等の研究課題に中国「2016年度教育部人文社会科学研究青年基金項目」等がある。

明治期中国語教科書における中国語カナ表記についての研究

2018年9月25日 第1刷発行

著　者　張　照旭（ZHANG Zhaoxu）
発行者　川角功成
発行所　有限会社　クロスカルチャー出版　事業部
　　　　〒101-0064　東京都千代田区神田猿楽町2-7-6
　　　　電話 03-5577-6707　　FAX 03-5577-6708
　　　　http://crosscul.com
印刷・製本　石川特殊特急製本株式会社

ⓒ ZHANG Zhaoxu 2018
ISBN 978-4-908823-41-1 C3081 Printed in Japan